シリーズ国語授業づくり

音読・朗読

目的に応じた多様な方法

監修 日本国語教育学会　企画編集・執筆 大越和孝

編著 大久保伸夫・西田拓郎

東洋館出版社

まえがき　魅力的な「国語」の授業のために

話す力は、話す活動を通して身に付きます。ですから、「話すこと」の学習においては、話す活動自体を、学び手にとって充実したものにしなければなりません。充実した話す活動を通して、初めて「話すこと」の力は学び手自身のものとして身に付くのです。

「書くこと」の学習も、「読むこと」の学習も同じです。すべての言語能力は、それぞれ充実した言語活動を通して学び手のものとなります。小学校においても、中学校・高等学校においても、「国語」の学習は、充実した言語活動として成立させなければなりません。

「国語」の学習として、言語活動を学び手にとって生き生きと充実したものにする——それが国語単元学習です。すなわち、国語単元学習は、学び手にとって、生きた実の場の言語活動を通して、国語学習を成立させようとするものです。

国語単元学習には、活動形態としては様々なものがありますが、大事なことは、学び手が自らの課題を中心に、情報の収集・再生産の活動や、協働的な交流活動などを行い、主体的に課題を追究し、解決していくプロセスを、学習活動として組織することです。一貫した課題追究の過程が、学び手自身のものとして成立するとき、「国語」の授業は魅力的なのです。

「国語」の授業を、魅力的な言語活動の実の場として成立させたいと思います。そのためには、学び手が自ら参加することで、その活動が学習として有効に成立するようにしなければなりません。教師の学習支援としての「発問」も「板書」も、また課題解決のための調べ学習や、協働学習としての交流活動も、「国語」の学習としての言語活動をより一層充実したものにする上で重要な手がかりとなるものです。

本シリーズは、単元学習を柱として展開する参加型の国語授業を成立させることをねらいとしていますが、まず初めに、教師が心得ておくべきことを、六冊にまとめました。

なお、今日、「アクティブ・ラーニング」という言葉で課題解決の活用型の学習が求められるようになっていますが、それこそ私たちの日本国語教育学会が一貫して求めてきた単元学習の特質の一つです。また、協働的な学習も、単元学習を成立させる課題追究の「交流活動」として実践してきたものです。そのような点で、本シリーズにはこれからの時代の国語科の可能性を拓く鍵が、間違いなくあると言っていいでしょう。

本シリーズは、教師としてのスタートラインに立った若い先生方に、ぜひ手にとっていただきたいと思っています。同時に、ベテランの先生方にも、ご自分の経験をふり返り、改めて実践の方向を見据えていく上で、ぜひ目を通していただきたいと思います。また、それぞれの地区や校内で指導的な立場に立っておられる先生方にも、教育実践のレベルアップのために、改めて参考にしていただきたいと思います。

本シリーズは、日本国語教育学会の教育情報部の事業として、小学校部会と合同で、各巻担当の学会理事によって企画・編集・執筆され、東洋館出版社のご尽力により刊行の運びとなったものです。

平成二十七年七月

湊　吉正（日本国語教育学会会長）
田近洵一（日本国語教育学会理事長）

もくじ

Ⅲ章 目的に応じた多様な音読

Ⅳ章

音読を重視した単元の展開例

Ⅰ章

音読の効果と役割

1 なぜ、音読が大事なのか

1 日本語の美しさを知る

日本語は、美しく豊かな言葉です。教室で友達の音読を聞いて、これらを感じ取れる子どもであってほしいし、また、自分が音読するときには、美しさや豊かさの表れるように声に出して読める子どもであってほしいものです。このような子どもを育てることは、国語教育の大切な目標であり、すべての教師が忘れてはならないことでもあります。

ところが、「教室から子どもたちの朗々と音読する声が聞こえてこない。」という嘆きをよく耳にするようになりました。実際に授業研究会に参加すると、子どもたちが小声で音読したり、ぼそぼそと話したりする授業に出会うことがそれほどめずらしいことではなくなっています。このような授業で驚かされるのは、教師がこの状態をまったく気にしていないということです。これは、若手の教師だけに見られるのではなく、あらゆる年代の教師に見られる現象になりつつあります。教師が気にしていないから、子どもたちも明るく響く声で、音読したり話したりしないとも考えられます。

ときには、子どもたちの声の響き合う授業に出会うことがあります。ほっとし、清々しい気分になるのは、私だけではないでしょう。子どもたちが、明るく元気に音読したり、発表し合ったりするのは、子どもたちのもともとの資質ではなく、教師の姿勢や考え方なのです。それゆえ、一人一人の教師が、子どもたちに日本語の美しさや豊かさに気付かせ、子どもたちの明るい声の響き合う国語教室をめざすことが出発点になります。

2 授業における音読の意味と効果

まず、音読と黙読の違いを考えてみましょう。

黙読は、脳の活動によって、どのようなことが書かれているかという文章内容を読み取ることに重点があるのに対して、音読は、脳のみならず、音声器官などの身体も使って読み取ったことを表現する活動であるということです。また、他の観点から考えると、黙読は、一人一人が個人的に内容を読み取る行為といえます。これに対して、教室における音読は、声に出すことによって聞いている仲間の子どもたちとの心の繋がりをもたらす行為ともいえるでしょう。

それぞれにこのような特色がありますので、教室においては、黙読と音読を目的に応じて、バランスよく使い分けることが大事になってきます。

次に、授業において音読することにどのような意味と効果があるかを挙げてみましょう。

第一に、音読は書く力に発展していく。

音読は、目、音声器官、耳を使ってなされる総合的な活動です。この活動を通して、語句、文、文章の感覚が自然と身に付き、書くときにも役立つようになるということです。音読することと書くことは、遠いことのように受け取られますが、実際には密接な関係があるということになります。

第二に、音読は様々な言語活動と結び付いている。

小さい声でしか音読できない子は、発表するときの声も小さいというのが一般的です。このことから、はっきりとした発声で、しっかりと音読できるようにするということは、発表したり話したりするときにも、きちんとした声で話せるようになるということになります。音読と話すことは、無関係ではないということです。

また、ただ大きな声で音読すれば上手な音読とはいえません。よりよい音読のためには、音読する文章の語句の意味がわかっていることが最低条件です。その上で、物語では登場人物の気持ちを理解している必要がありますし、説明文では筆者の述べたいことをとらえていることがよい音読の条件となります。つまり、文章の読み取りと音読も深い繋がりがあるのです。

第三に、音読によって子どもたちの理解度を知ることができる。

第二に挙げたことを逆から見ることになりますが、子どもたちの音読を聞いて、その子の文章の理解度を知ることができます。例えば、筆者が強調したいことを強く音読すれば、筆者の意図を理解して音読しているということになります。棒読みしているだけの音読であれば、内容はあまり理解していないということになります。

第四に、音読は脳のはたらきを活性化させる。

「音読は脳の全身運動であり、脳機能を発達させ、脳機能の老化を防ぐことができるのです」（川島隆太・安達忠夫『脳と音読』講談社現代新書、二〇〇四年）と音読の大切さが述べられています。文化審議会の報告でも、「音読によって、国語力や独創力とかかわる脳の場所が特に活性化するという脳科学の知見もあることから、積極的に音読を取り入れていくことが大切である。また、音読することによって、漢字の読みを覚えたり、文章の内容を確実に覚えたりできる。」（文化審議会国語分科会『これからの時代に求められる国語力について』）と音読を推奨しています。これらの論から、科学的な視点からも音読の大切さがわかります。

音読・朗読によってどのような効果がもたらされるかを挙げてみましょう。

①自分の思い（読み取ったこと、感じたこと）を音声化することは、心の開放をもたらす。
②正確な発音・発声、間の取り方等は、話をする時にも生きてくる。
③叙述の細部までに目を向けて読むことは、自分の文字表現、音声表現にも生きてくる。
④どこをどのように表現しようかという姿勢で詩や文章に接することは、言葉に対する感性を高める。
⑤繰り返して音読することによって、書き手のものの見方、感じ方が心に残り、やがては自己を高めることに繋がっていく。

このような効果をもたらすためには、教室での日常的な指導がなければなりません。前述したように、一人一人の子どもが、はっきりとした声で堂々と音読できるようにすることが基本的な条件になります。そのためには、他の子どもたちが友達の音読を尊重して聞くような学級づくりが欠かせません。また、一人一人の子どもに、文章を正確に、豊かに読み取る力を付けておくことも大事になってきます。

このような基本を身に付けた学級において、音読・朗読は、授業に豊かさをもたらすだけではなく、一人一人の子どもの人間的成長ともかかわる大事な学習活動がなされるということになります。

２　音読・朗読によってどのような力が付くのか

音読・朗読の効果とどのような力（国語力）が付くかは、当然のことながら深い繋がりをもっていると考えられます。前述した効果の①～⑤と関連付けて、どのような力が身に付くかを挙げてみましょう。

①④との関連

・読み取った内容をさらに深めることができる。
・豊かな想像力を身に付けることができる。
・楽しさを感じながら音声化することができる。

はっきりとした明るい声で、想像や創造に満ちた音読をすることは、読み手に充実感や心の開放を感じさせるだけでなく、聞き手の心も豊かにさせ感性も磨きます。これらは、黙読では養うことのできない力です。音読・朗読によってのみ可能になる力だといえましょう。

②③との関連

・文字・語句を正しくとらえ、使うことができるようになる。
・誤読を見つけ訂正することができる。
・一つ一つの文字・語句を大事にすることができるようになる。

これらは基本的なことですが、低学年のうちからしっかりと身に付けておかなければならないことでもあります。助詞を意識させて音読することは、話したり書いたりするときにも生きてきます。繰り返して音読することによって、助詞の使い方は自然に身に付くようになるものです。ただし、助詞を意識させることは、強く読むことではありません。子どもたちにありがちな、助詞に力を込める読み方はしないようにさせなければなりません。

高学年の担任をしていたときに、クラスの大部分の子どもが、「……欠くことができません」を「……書くことができません」と読み間違えて発音していたことがありました。これも、音読させなければ教師の気付くことのできない誤りです。

④との関連

・言語感覚を磨き、文体のリズムを感じ取ることができるようになる。

⑤との関連

・ものの見方、感じ方、思考力を高めることができる。

このように挙げてみると、音読・朗読は黙読に対する単なる読み方の形式ではなく、国語力を高め、教育的な効果も上げる意義のある学習であることがわかります。したがって、物語や説明文の読み取りの授業でも、読み取った内容の話し合いで終わることなく、音読も取り入れたバランスのよい授業をすることが大事になります。四十五分の中に、一回も音読の時間がないという授業は、すべきではないということです。

3 音読と朗読の関係

1 音読と朗読の役割

言語を文字言語と音声言語に分ける考え方があります。文字言語というのは書かれた文字を媒体とするものですし、音声言語とは話された音声を媒体とするものです。

音読とは、文字言語を音声化することであり、文字で書かれたものを、声に出して読むことということもできます。目だけを使って文字を読んでいく黙読に対して、目と口と耳を使って読んでいく活動ということになります。

音読には、大きく分けて二つの役割があります。一つは、声に出して読みながら、書かれている内容を自分が理解するということです。もう一つは、自分が理解したものを声に出して、他の人に伝えるという役割です。

古い調査ですが、小学校の低学年では、文章内容を理解する場合でも、音読よりも黙読のほうが難しいという国立国語研究所の結果が出ています。したがって、音読中心の学習をしたほうがよいということになります。三年生になると、子ども一人一人による個人差はありますが、徐々に、黙読のほうが内容を理解しやすくなるという調査の結果が出ています。

朗読も声に出して読みますので、音読の中に含まれますが、他の人に伝えることや表現に重点が置かれている読み方です。ですから、読み手は十分に内容を理解して、聞き手にそれを伝えたり鑑賞させたりすることができるような読みということになります。それぞれの読み手が感性を豊かにはたらかせて、自分の音声表現で聞き手に理解させる鑑賞的な読みということになるでしょう。

2 学習指導要領の音読と朗読

学習指導要領では、音読と朗読の関係がどのように示されているでしょうか。
ア　語のまとまりや言葉の響きなどに気を付けて音読すること。（低学年）
ア　内容の中心や場面の様子がよく分かるように音読すること。（中学年）
ア　自分の思いや考えが伝わるように音読や朗読をすること。（高学年）
これらの指導事項を読み比べて、低、中学年は音読の指導をし、高学年になってから朗読の指導をすればよいととらえたら、それは誤りです。『小学校学習指導要領解説』を読むと、そのことが、よくわかります。

低学年でも、音読のはたらきとして、「自分が理解しているかどうかを確かめたり深めたりする」ことと、「他の児童が理解するのを助ける」ことの二つを挙げています。さらに、「一人一人の理解や感想などを音読に反映させる」ことも挙げています。このことから、低学年でも、ただ声に出して読めばいいのではなく、聞いている子を意識したり、表現としての音読を意識したりすることが要求されていることがわかります。

中学年では、「文章全体の内容や構成からその中心を把握して音読する工夫を求めたものである」や「物語では、各場面を意識して、様子がよく分かるように音読する工夫が求められている」とあり、音読の工夫を求めていて、表現を意識させるようになっています。

高学年では、「音読が、文章の内容や表現をよく理解し伝えることに重点があるのに対して、朗読は、児童一人一人が自分なりに解釈したことや、感心や感動したことなどを、文章全体に対する思いや考えとしてまとめ、表現性を高めて伝えることに重点がある」とあり、音読と朗読の違いを解説しています。

音読と朗読には違いはありますが、ある子どもが、教室で声に出して読んだときに、今の読み方は、音読か朗読かと分けることは簡単ではありませんし、意味のないことだともいえます。大事なのは、一人一人の子どもに、音読を繰り返して上手に読めるようにし、自分なりに、読み取ったこと感じたことを表現しようとする意識や意欲をもたせることです。このような意識付けは、今まで述べてきたように、高学年になって初めて指導するのではなく、低学年のうちから指導することによって達成することができるのです。

3 朗読と暗唱

〔伝統的な言語文化〕の指導事項の中学年には、「易しい文語調の短歌や俳句について、情景を思い浮かべたり、リズムを感じ取りながら音読や暗唱をしたりすること」と示されています。「暗」には、

「そらんずる」という意味がありますので、暗唱とは、「よく覚えていてそらで声に出して読むこと」という意味になります。

この指導事項に関しては、「短歌の五・七・五・七・七の三十一音、俳句の五・七・五の十七音から、季節や風情、歌や句に込めた思いなどを思い浮かべたり、七音五音を中心としたリズムから国語の美しい響きを感じ取りながら音読したり暗唱したりして、文語の調子に親しむ態度を育成するようにすることが大事である。」と『解説書』に明記されています。この指導事項では、文語の短歌や俳句を取り上げていますが、朗読の最終的な形として、暗唱にまで至ると考えるならば、詩や口語の文章を取り上げてもいいでしょう。

また、高学年の指導事項には、「親しみやすい古文や漢文、近代以降の文語調の文章について、内容の大体を知り、音読すること」とあり、暗唱については触れていません。けれども、『解説書』には、「教材に合わせて暗唱や群読を取り入れるなど読み方を工夫することが必要である」とあります。このことから、暗唱は中学年だけでなく、高学年でも取り入れていくことが要求されているということになります。

指導に当たっては、「明日までに、この詩を全員覚えてくるのですよ。」というように、強制的に無理やり覚えさせるということではなく、朗読を繰り返す過程で自然に暗唱できるようになることが大事です。暗唱することが苦痛ではなく、子どもたちにとって楽しい学習にならなければ、教育的な効果を上げることはできないし、国語嫌いの原因にもなってしまうので留意して指導しなければなりません。

4 単元学習における音読

1 単元学習とは

単元学習では、学習者の興味・関心に根ざす題材をめぐって単元が構成されること、学習活動にまとまりのあること、言葉の力や学ぶ力や生きる力を育てる学習活動になっていることが大事な条件になっています。

この三条件は、それぞれが個別にあり他とは関係が無いということではありません。本書の実践例では、当然のことながら、音読・朗読が核となって単元が構成されますが、「学ぶ力」の観点から見ても、「学ぼうとする力＝音読・朗読への学習意欲、学ぶことのできる力＝音読・朗読の基礎的・基本的な力、学び方の力＝学習方法の習得」が必要となりますので、他の条件と重なり合っていることがわかるでしょう。

単元学習は、学習の目標が明確で、どのように学習が進められるかを子どもたちが自覚しているので、学習が主体的に進められるという利点をもっています。学習目標が明確であるということは、身に付けたい言葉の力も明らかで、的確な評価もしやすいということになります。

2 音読・朗読の単元学習

音読・朗読を中心にした単元学習の在り方を考えてみましょう。

◇音読・朗読に学習意欲をもつ

音読・朗読に対して、興味も、関心も、意欲もない子どもたちでは、単元の展開がうまくいかないのは明らかです。前述したように、音読・朗読が必要な国語力であることは明白ですので、日常的に学習に取り入れているかどうかがポイントになります。このような日常的な学習を基盤として、一人一人の子どもが、上手な音読・朗読ができるようになりたいという意欲をもって学習に取り組むことが大事です。

◇音読・朗読を核に多様な言語活動を

音読・朗読が中心だからといって、話すこと・聞くこと、書くこと、読み取りなどの活動のない単元展開では、国語力を付けることはできません。例えば、上手な音読の仕方について話し合ったり、音読する場面を視写して気付いたことを書きこんだり、内容を読み取って発表し合ったりする活動の上に立った音読となるようにしなければなりません。

◇単元を通して音読・朗読を

単元の終末の段階で、思いついたように音読・朗読の発表会を行えば、音読に重点を置いた単元構成だということにはなりません。最終段階で音読・朗読の発表会や音読劇などを行うためには、子どもたちにも初めの段階で最終目的を理解させ、意欲付けをし、毎時間の音読を積み上げていかなければなりません。

◇多様な音読・朗読の方法を

指名読みだけの音読では、一時間に限られた人数の子どもしか、実際に音読をすることができません。これでは、単元全体を通してみても、一人一人の子どもが十分に音読を重ねたとはいえません。後述してあるような（五十～六十九ページ）多様な音読の方法を活用して、すべての子に音読の機会があるようにすることが大事になります。

◇一人一人の音読・朗読力を把握して

学級の子どもたち一人一人の音読の力は、かなり個人差があります。教師が子どもたち一人一人の力を把握して、個に応じた指導することによって学級全体のレベルを上げることも、大事な留意点になります。

参考文献　＊高橋俊三編『音声言語指導大辞典』明治図書（一九九九年）
＊国立国語教育研究所編『国語教育研究大辞典』明治図書（一九九一年）
＊拙書『古文・漢文・文語詩の暗唱50選』東洋館（二〇〇七年）

Ⅱ章

「音読・朗読」の基礎・基本

Q

1　発音・発声の意味と指導法を教えてください。

A　発音とは、のどや舌、唇などの発声器官をつかって、言葉として理解できる音を発する（調整する）ことをいいます。また、発声とは、声帯を使って声を発することをいいます。小学校低学年から、聞き手がはっきりと聞き取ることができる発声や発音を指導することが大切ですね。

まず、最初は姿勢と口形にこだわるのがよいでしょう。

①姿勢…背筋が伸びている・無駄な動きがない

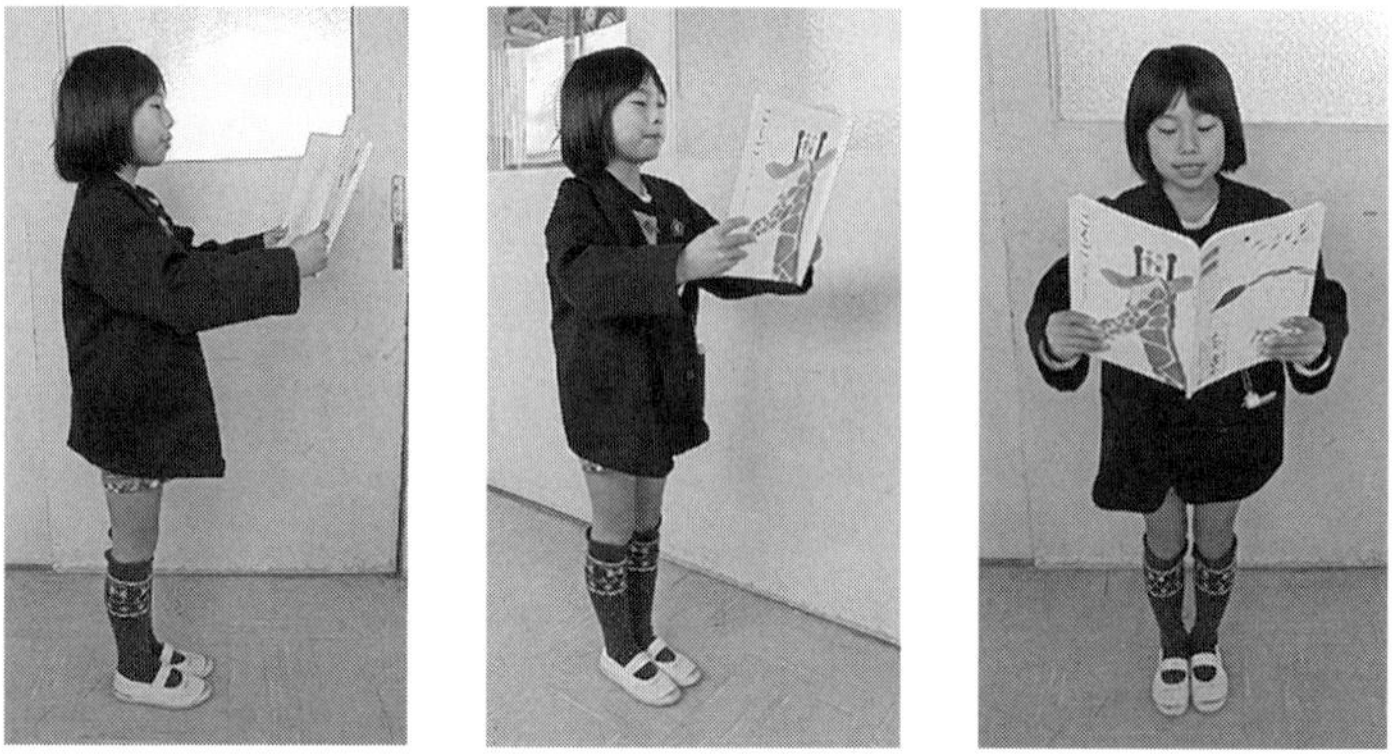

②口形…母音の口形がわかる

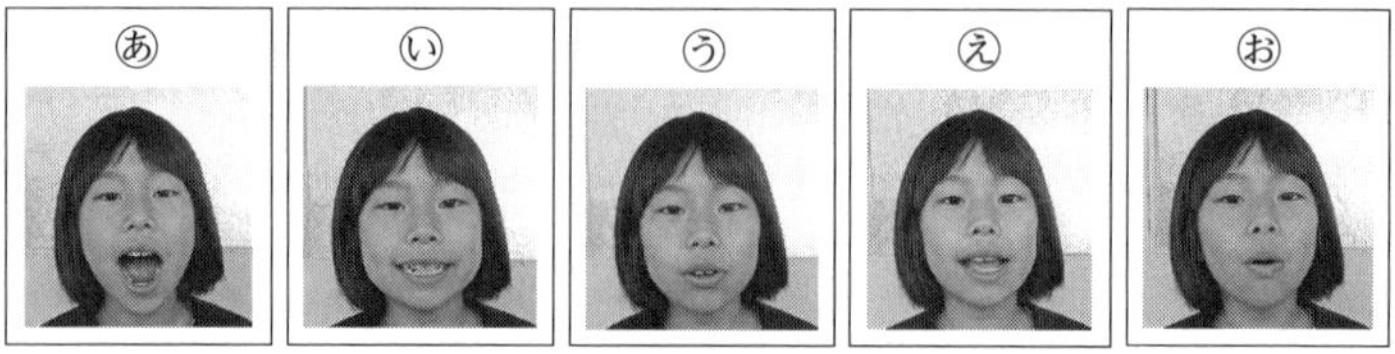

❶▼姿勢づくり

音読は立ってするのが基本です。背筋がまっすぐな姿勢をとるには、壁などのまっすぐなものに背中を付け、そのまま一歩前に出た姿勢を保つようにさせるとよいでしょう。右のページの写真のように、両腕を前に出して教科書をもち、顔の正面の高さにして音読するように心掛けさせます。発表会などでは足をそろえますが、練習では、足を肩幅に開くと安定します。

❷▼口形づくり

口の開け方の写真をよく見て、まねをさせましょう。次に、それぞれの口形のちがいを理解させましょう。そして、一人一人の子どもがその形で、一音ずつ発音することができるように練習させさせます。

❸▼楽しく確かめ合う

声を出すことに自信がもてない子もいるので、最初は上の写真のように何人かでそろって練習するとよいでしょう。また、下の表を使って、多くの人に聞いてもらい認めてもらう経験をさせましょう。自信がついていきます。

いろいろな人に○をつけてもらいましょう

＊発音・発声の確認表　　なまえ　にしだ　ちはら

ききて	くちのかたち					しせい		
	あ	い	う	え	お	うで	せすじ	あし
せんせい	○	○	○		○		○	○
かほ	○	○		○	○	○	○	
あやか	○	○	○	○	○	○	○	○
ひなた	○		○		○	○	○	○

Q

2　アクセントの意味と指導法を教えてください。

A　アクセントとは、一つ一つの語句に対して社会的習慣として決まっている相対的な高低、あるいは強弱の関係をいいます。小学校低学年から、アクセントによる語句の意味の違いに気付かせることが大切ですね。

下の写真はひらがなで書くと表記は同じになりますが、意味は違いますね。意味の違いに気付かせて発音させましょう。

練習①　写真を見てくりかえし発音しましょう。

練習②　友達の発音を聞いて、意味の違いを言いましょう。

箸

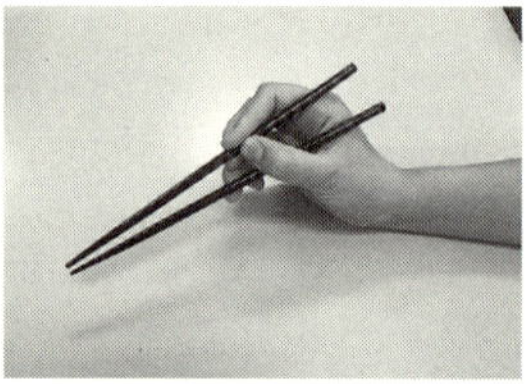

はし

橋

はし

雨

あめ

飴

あめ

❶日本語のアクセント

日本語のアクセントは、一般に音節（拍）の高低として理解されます。例えば、「橋」と「箸」、「雨」と「飴」などは、同音の語ですが、発音してみるとアクセントの位置が異なるので、違う意味の語として理解することができるのです。

写真を見て、正しいアクセントで発音する練習を繰り返しさせましょう。そのあと、ペアになって聞き合い、正確に意味が伝わるかどうかを確かめるとよいですね。

❷同音異義語の区別

アクセントによって同音異義語が区別できます。一文の中に同音異義語がある単文をつくり、意味がわかるかどうかを確かめ合いましょう。発音を楽しみながら、アクセントの練習に取り組ませることが大切です。発展として、漢字で書くと意味が伝わることも理解させておくとよいですね。

（短文例）

i　はしをもってはしをわたる。（箸をもって橋を渡る）

ii　あめのなかであめをなめる。（雨の中で飴をなめる）

iii　かいをかいにいく。（貝を買いに行く）

iv　はるにもくひょうをはる。（春に目標を張る）

v　こくごにかんしんがあるのでかんしんした。（国語に関心があるので感心した）

Q

3　イントネーションの意味と指導法を教えてください。

A

イントネーションとは、抑揚のことです。発音の高低で意志や気持ちを伝える話法で、語調や話調とも呼ばれます。音読の内容に応じて、声の上げ下げに注意して言葉に調子をつけ、聞き手に伝わるような工夫をするように指導しましょう。

「ごんぎつね」（新美南吉）の加助と兵十の会話で、音読を工夫してみましょう。次のように板書すると、子どもは音読しやすくなります。傍線 ＿／￣＼＿ はイントネーションの例です。

「そうそう、／なあ、＼加助。」

「あ／あん。」

「おれあ、＼このごろ、／とても不思議なことが＼あるんだ。」

「何／が。」

疑問や相手への投げかけの文の語尾は上がります。また、話し手が聞き手に伝えたい内容の部分も高く（強く）なります。

❶ イントネーションとアクセント

イントネーションはアクセントと意味合いがよく似ています。でも、この二つを比較すると次のような違いがあります。

アクセントは主に単語についての言葉で、社会習慣として定まっている強弱（高低）の型です。これに対し、イントネーションは、主に文を構成する単位についての言葉で、話し手の気持ちや状況、何を伝えたいのか、などによって高低（強弱）が変化します。

小学校中学年の音読では、イントネーションを生かして、文章の中心や場面の様子が聞き手によくわかるようにしたいものです。

❷ 役割を決めて音読を

二人で一冊の教科書を開いて、役割を決め、会話文を音読し合ってみましょう。イントネーションの工夫が生まれ、掛け合いが楽しくなります。板書で示した「ごんぎつね」では、会話文がもつ意味「（呼びかけ）（呼び掛けの返答）（述懐）（疑問）」までもが体感的に理解することができるようになります。

さらに、小学校高学年では、自分の思いや考えが伝わるような朗読へとつなげていきましょう。

Q

4 プロミネンスの意味と指導法を教えてください。

A プロミネンスとは、最も重要な部分を強調して発声する話し方です。どのように強調すればよいのかを、音読する内容に応じて工夫させましょう。

同じ文言の回答でも、質問によって強調される部分(——)が異なります。これがプロミネンスです。例えば、次に示すとおりです。

(質問)		(回答)
・ハンバーグを食べたのはいつだった?	→	今日の給食はハンバーグだったよ。
・今日の給食のメニューは何だった?	→	今日の給食はハンバーグだったよ。

このプロミネンスを音読に生かすようにしたいものです。学習指導要領やその解説書にはプロミネンスという用語は出てきませんが、「言葉の抑揚や強弱、間の取り方などに注意したりして話す」というように解説されています。

小学校中学年からは、文章の内容が相手によく伝わるように音読できるとよいですね。そのためには、低学年で指導してきた「声の大きさや速さなどに注意して、はっきりした音声で音読すること」を大切にし、さらに、「文中の特定の語や表現の一部を他よりも強調する工夫をして音読すること」の指導が大切になってきます。これをプロミネンスだと考えればよいのです。

「ちいちゃんのかげおくり」（あまんきみこ）を例に、強調の仕方を考えましょう。

❶▼音量…大きな（小さな）声で読む

・「『かげおくり』って遊びをちいちゃんに教えてくれたのは、おとうさんでした。」

＊教えてもらったのが、出征する前の日のおとうさんだったことを強調するために、ここを大きな声で読みます。

・『体の弱いお父さんまで、いくさに行かなければならないなんて。』

＊体が弱いことを強調するためにここを小さな声で読みます。

❷▼高低…高い（低い）声で読む

・「広い空は、楽しい場所ではなく、とてもこわい場所にかわりました。」

＊楽しい場所がこわい場所に変わってしまったことを強調するために、「楽しい」を高い声で読み、「こわい」を低い声で読みます。

❸▼速度…速く（ゆっくり）読む

・「くうしゅうけいほうのサイレンで、ちいちゃんたちは目がさめました。『さあ、いそいで。』」

＊逃げなければ危険な状況を強調するために「さあ、いそいで」を速く読みます。

・『なあんだ。みんな、こんな所にいたから、来なかったのね。』

＊家族のみんなに会えた安心感を強調するために「なあんだ。」をゆっくり読みます。

Q

5 声の大きさはどのように指導すればよいですか？

A

小学校へ入学したばかりの子どもは、大勢の人の前で話した経験があまりありません。手拍子やカスタネットのリズムに乗せて、みんなでそろって音読すると、自信がもてるようになり、音読の声が大きくなります。

入学したばかりの小学校1年生には、で手拍子を入れ、最後に「ハイ！」の合いの手を入れて音読すると楽しくなります。みんなでそろってやってみましょう。

あかるい	あさひだ	あいうえお	（ハイ！）
いいこと	いろいろ	あいうえお	（ハイ！）
うたごえ	うきうき	あいうえお	（ハイ！）
えがおで	えんそく	あいうえお	（ハイ！）
おいしい	おむすび	あいうえお	（ハイ！）

つぎに、5・7・5の言葉のリズムで、同じようにすると、俳句や古典の音読学習につながっていきます。

あさがおが	あさつゆのんで	あいうえお	（ハイ！）
いいきぶん	いるかとおよぐ	あいうえお	（ハイ！）
うみびらき	うきわをさがす	あいうえお	（ハイ！）
えんそくで	えがおたくさん	あいうえお	（ハイ！）
おとうさん	おひげがのびる	あいうえお	（ハイ！）

❶▼音読を楽しく

音読に自信がもてなかったり、聞き手の反応が気になったりすると、音読の声が小さくなってしまいます。これを解消するには、子どもに音読の楽しさを味わわせ、音読に対する意欲をもたせることが大切です。音読はもともと楽しい言語活動です。それを体感するにはQ＆Aに示したように音読の言葉をリズムに乗せるとよいでしょう。

❷▼声のステップ

大きな声が出せるようになったら、相手に届く音量がわかることが大切です。下図のような（こえのステップ）を示して、理解させるとよいでしょう。

Q

6　間の取り方はどのように指導すればよいですか？

A　聞き手が音読の内容を理解しやすいように、意味のまとまりで発声を休止することを「間を取る」と言います。比較的分量の少ない、短い文章で意味のまとまりをつかみ、間を取る練習をするとよいでしょう。聞き手を意識して、ゆっくりと音読する練習から始めましょう。

「間を取る」ことの基本は読点（、）や句点（。）で休むことです。低学年の音読入門期は、学級全員が声を合わせてゆっくり読みましょう。ゆっくりすぎるくらいでちょうどいいのです。読点では１拍、句点では２拍など、リズムをとって音読することで間を取ることを覚え、その効果を実感できるとよいでしょう。

「はなの　みち」（光村　小１）の板書例

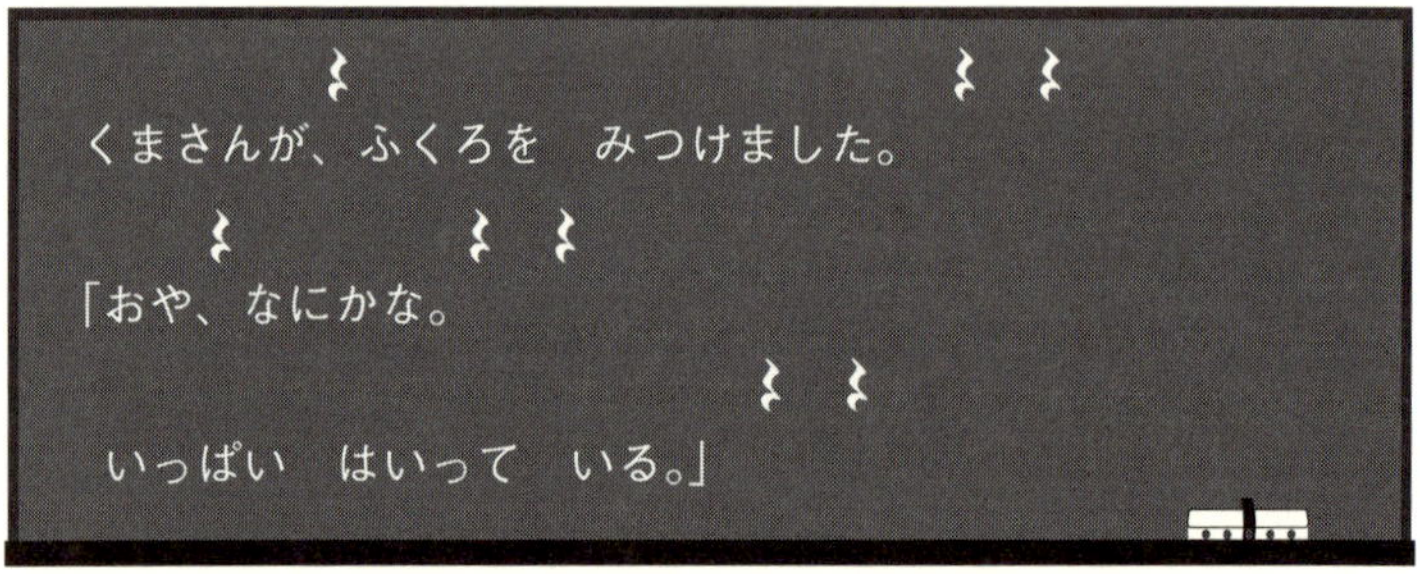
くまさんが、ふくろを　みつけました。
「おや、なにかな。
いっぱい　はいって　いる。」

❶ 音楽の休符を使って

間の取り方を板書で示すには、音楽の休符を使うと便利です。読点や句点のほかにある小さな区切り（スペース）は、ほんの小さな間をあけて読んでもいいですが、文全体がひとまとまりの意味内容になって伝わることに気を遣って読み進めていくことが大切です。

ゆっくり読んで間の取り方を覚えたあとは、文章の内容が伝わりやすいように、適切な速さの音読にしていきましょう。写真のように、登場人物になりきって「はなのみち」を音読をさせると、さらに効果的な間の取り方が体得できます。黒板に教科書の本文を掲示しておき、それを見て音読できるようにしておくのがコツです。

❷ 意味のまとまりで

中学年では読点や句点で間を取ることを基本にしながら、内容の中心や場面の様子がよくわかるように、音読できるようになるとよいでしょう。

そのためには、こまぎれに読むのではなく、意味のまとまりで区切って読むようにしましょう。意味のまとまりで斜線を入れてみるのもよいですね。意味のまとまりが理解できていないと、音読がこまぎれになってしまうことが多いのです。

読み手と聞き手を交代して相互評価し、聞き手によくわかるように音読できているかを伝え合うとよいでしょう。

Q

7　速さの指導はどのようにすればよいですか？

A

相手が聞きやすい速さの音読がわかるようになるとよいですね。どうしても、速くなりがちです。大きく口を開けるようにするとゆっくりした音読になります。また、効果的に間を取って音読できるようになると、聞き取りやすい速さに変わってきます。
さらに、文意によって、速く読むとよいところ、ゆっくり読んだ方がよいところを見つけられると上手な音読になります。

音読の適切な速さを身に付けさせるためには、まず教師がペースメーカーとなって一斉音読をするとよいでしょう（50ページ参照）。みんなと同じ速さで音読させると、ゆっくりとした速さで読むことができます。個人で音読すると速くなりがちですが、「、」や「。」「改行」「段落」で的確に間を取ることを意識させると速くなりません。

高学年では、速く読むところとゆっくり読むところを区別して、自分の思いや考えが伝わるような音読ができるといいですね。

先生がペースメーカーとなって一斉音読

「大造じいさんとガン」（椋鳩十）で考えてみましょう。大造じいさんの発言のどれを速く読むとよいか、どれをゆっくりと読めばいいかを順番に考えてみましょう。理由もきちんと言えるとよいですね。

①「しめたぞ。」（速く）
②「ほほう。これはすばらしい。」（ゆっくり）
③「ううむ。」（ゆっくり）
④「ううん。」（ゆっくり）
⑤「今年はひとつ、これを使ってみるかな。」（ゆっくり）
⑥「うまくいくぞ。」（ゆっくり）
⑦「さあ、いよいよ戦闘開始だ。」（速く）
⑧「さあ、今日こそ、あの残雪めにひとあわふかせてやるぞ。」（ゆっくり）
⑥「どうしたことだ。」（速く）
⑦「ハヤブサだ。」（速く）
⑧「あっ。」（速く）
⑫「おうい、ガンの英雄よ。おまえみたいなえらぶつを、……。」（ゆっくり）

大造じいさんの思いや考えが聞き手に伝わるかどうかを評価し合いましょう。また、説明文では、筆者の主張がよく伝わるように速さを考えてみましょう。

Q

8　音読と黙読はどのように使い分けるのですか？

A

音読は声に出して読むことです。黙読は黙って読むことです。日常生活では、普通、聞き手がいる場合には音読しますが、いない場合は黙読します。国語の授業では、書いてあることを正確に読んでいるかをみんなで確かめるには音読が有効です。また、一人一人が書いてあることについて考えながら読んだり、想像しながら読んだりする場合には黙読が有効です。

①音読の役割、黙読の役割

国語の授業では、音読と黙読の主な役割は次の図のようになります。

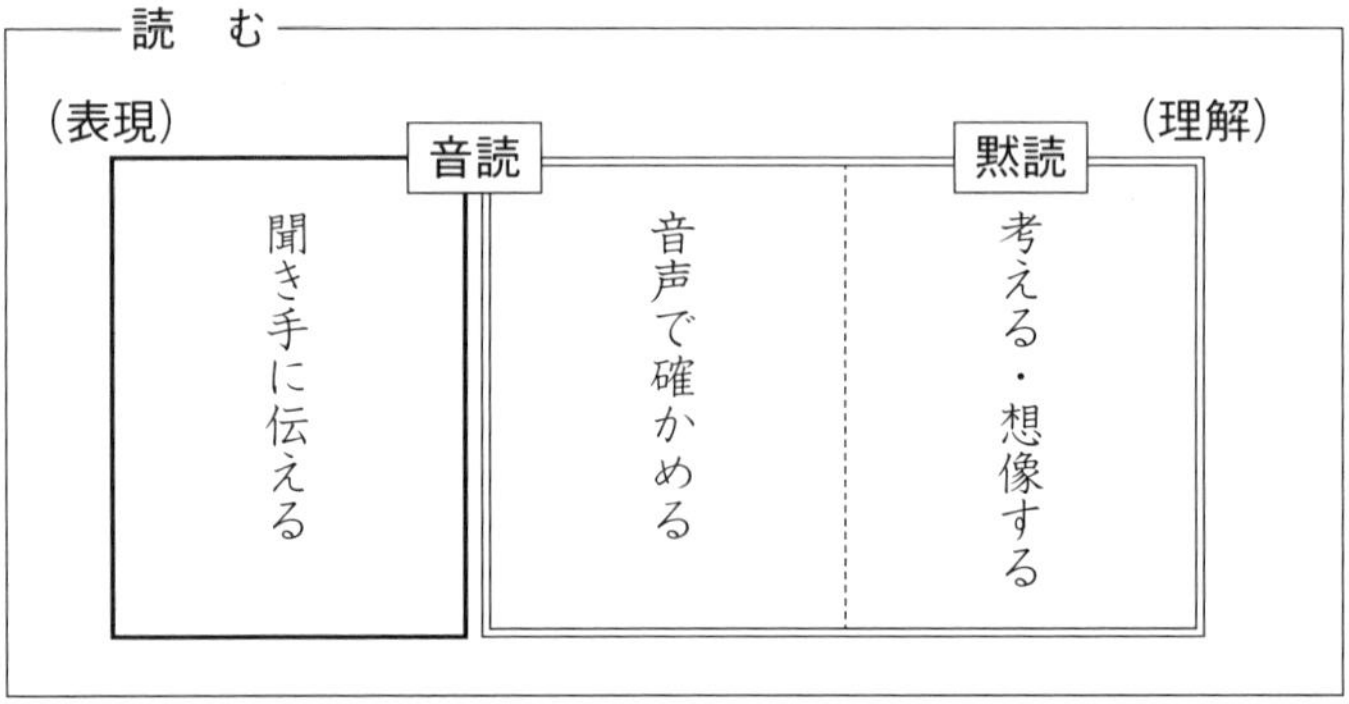

子どもは音声をとおして言葉を覚えていきます。低学年の読むことの授業も、音読から始めるとよいでしょう。そのあと、徐々に、黙読を体得していくのがよいでしょう。

❶ 音読から黙読へ

黙読は、書かれている内容を自分自身が理解するための方法です。黙読は音読よりも速く読むことができます。また、考えながら読むことができたり、想像しながら読むことができたりします。

これに対して、音読は、主に、書かれている内容を聞き手に表現する方法です。また、自分や仲間の音声を使って理解を確かめたり深めたりする方法でもあります。例えば、読めない漢字は声に出して読むことができないので、音読をすると自分自身の理解の様相を確かめることができるのです。

このように、音読や黙読は大切な言語活動ですが、授業ではそれぞれの特色を見極めて、何の目的で行うのかを明らかにした上で実践すると効果的です。

❷ 読み取りの授業では

教材文の読み取りの授業では、授業の最初に音読を入れることが多いようです。その後の展開では、一人一人の黙読による読み取りの交流が行われて、教材文の理解を深めていきます。そして、最後に読み取りのまとめをして授業が終ります。

しかし、音読を単元を貫く言語活動にした国語の授業をするならば、「①はじめ―②なか―③おわり」の三つの節目で音読を取り入れるようにするとよいでしょう。

また、黙読は一人一人が随時行っていると考えがちですが、先生やお友達の発言を聞いていると、なかなか教科書を黙読している暇はありません。一人一人の読み取りを確かなものにするために、一定の黙読の時間（一人読みの時間）を確保するようにしましょう。

その上で、読み取りの交流をすると効果的な話し合いができます。

Q

9　微音読とは何ですか？

A

自分だけが聞こえるような小さな声で読むことです。声に出して読むことによって、確かめられることが多くあります。また、よく通る声で音読することへの橋渡しにもなります。

微音読とは、その名の通り、意図的にかすかな声を出して読むことです。それでも、声を出すことに変わりはありません。低学年の子どもは、多くの人の前で大きな声で本を読むことに慣れていません。性格的に友達の前で声を出すことに自信がもてないために、声を出すことを恥ずかしがる子どもも多くいます。そのような子どもたちにも抵抗感が少ないので、大きな声で読ませる前に意図的に取り入れるとよいでしょう。

「ふきのとう」（小１）の音読
まずは小さな声から

高学年になるにつれて黙読することが多くなっていきます。ところが、声に出して読まないと、書いてある内容が理解できていなくても、理解したつもりになってしまうことがあります。また、黙読では、初めて出会う言葉のアクセントを確かめるということはほとんどありません。ですから、高学年になっても、中学生になっても、国語の授業では一度は音読させるようにしたいものです。

その音読には、一斉読と個人読があります。一斉読は、みんなで読み方を確かめられるという利点がありますが、どうしても、ゆっくりとした読みになったり、抑揚がつけられなかったりします。

そこで、その短所を補うために、自分だけが聞こえるような小さな声で微音読させるのです。はじめは、声の大きさの調節がうまくいきませんが、すぐに慣れます。

この微音読で、自分の読み取りの理解の程度を確かめるようにするには、鉛筆をもって、教材文に線を引きながら読むようにさせるのもよいでしょう。例えば、次の例のように、読めない漢字（――）や意味の分からない言葉（‖）などに線を引かせながら微音読させてみましょう。

（例）

ハヤブサも、さるものです。さっと体制を整えると、残雪のむな元に飛びこみました。

（「大造じいさんとガン」より）

微音読のあと、自分で調べたり、確かめたりする時間を必ず取りましょう。仲間どうしで交流する時間も取ると、さらに効果的です。

Q

10　唇読とは何ですか？

A

声を出さないように、唇だけを動かして読むことです。いわゆる「口パク」です。声を出さないという面から考えると、黙読と同じ仲間に入ると言えます。

唇を動かして音読と同じ口形をとることだけでも、頭の中では自分自身の声が聞こえてくる感覚が必ずあります。この感覚を利用して、自分自身の読み方を確かめることができます。

図書館の本を指でたどって唇読する

❶ 唇読の訓練

唇読ができるようになるには、しっかりとした口形で音読するという経験が必要です。そのためには、次のような順序で指示し、訓練させるとよいでしょう。

ⅰ　教材文を「正しい口形を心がけて音読しましょう。」と指示する。

ⅱ　同じ教材文を「声を出さずに音読しましょう」と指示する。

ⅱは少々矛盾した指示ですが、初めて唇読をする子どもにとっては、とてもイメージしやすいはずです。

❷ 唇読の効果

黙読には様々な効果がありますが、その反面、難しい語を飛ばして読んだり、誤読に気付かなかったりすることもあります。でも、唇読は一文字一文字についてしっかりと唇を動かすので、それらを防ぐことができます。

では、授業では、どのように唇読をさせるとよいのでしょうか。効果的な唇読のさせ方の一つに、他の誰かが音読をしているときには、聞き手の子には必ず唇読をするようにさせるという方法があります。こうすると、代表で音読している人の声を聞きながら、自分も教材文の読み方の点検をすることができるのです。

❸ 唇読から黙読へ

唇読が、やがて、より確かで深い読み取りをめざす黙読などへとつながっていきます。ところが、唇読のくせが残ってしまうと、黙読の速さが損なわれてしまうことがあるので注意しましょう。

Q

11　音読のための記号にはどのようなものがありますか？

A

音読記号とは、上手に音読するための音声技法を記号に置き換えて、文章の余白に書き表したものです。声の大きさを変えたり、速さを工夫したりして音読することは、曖昧なイメージをより具体的にさせます。音読記号を書かせることは、自分の確固たる読みを書き記すという学習活動なのです。深めた内容を音声で表現し、確実に表現するための道具として音読記号を扱うとよいでしょう。

音読記号は子どもたちと一緒に作っていくとよいですが、例えば次のような例があります。

	音声技法	音読記号	記号の意味
①	大きく（強く）	○―――	始点の○は強調を表している
②	小さく（弱く）	●―――	始点の小さな黒丸は小さな声を表している
③	速く	――→	スピード感を直線の矢印で表している
④	ゆっくり	〜〜〜	ゆっくり読むことを波線で表している
⑤	語尾を上げる	↗	上向きの矢印で語尾を上げる
⑥	語尾を下げる	↘	下向きの矢印で語尾を下げる
⑦	間	<	ブレス記号一つで一拍開ける
⑧	長い間	<<	ブレス記号二つで二拍開ける

このような音読記号に慣れるには、まず教師が速さなどを工夫して音読し、それを子どもが聞き取り、次のように余白に記号を書き入れる練習から始めるとよいでしょう。

下に示したように「クラムボンは笑っていたよ」の「笑」の文字を囲むことによって、強調して読み始めることを意識できるようにしています。

音読記号を書き入れることに慣れてきたら、子どもが主体となってクラス全員で音読記号を書き入れていきます。

文章部分を指して「ここは声を大きくして読んだ方がいいかな。小さい声で読んだ方がいいかな？」とたずねます。どんな様子なのか具体的に言葉で表現させた後に、音読記号を書き入れていくとよいでしょう。また、実際に教師の音声表現を聞かせて、児童たちが感想を発表し、共通の音読記号を話し合いで決めて、書き入れていくとよいでしょう。

感情を込めて読む場合、音読記号だけでは表すことができないことがあります。その時には、文章のそばに短い言葉を書くとよいでしょう。例えば、次のような感情を表す言葉を書きます。

【音読記号の書き込みの例】

やまなし　宮澤賢治

…そのなめらかな天井を、<< つぶつぶ < 暗い
あわが流れていきます。
「クラムボンは 笑っていたよ。」<<
「クラムボンはかぷかぷ < 笑ったよ。」<<
「それなら、なぜクラムボンは笑ったの。」
「知らない。」

（愉快）
たのしそうに
満足そうに
安心して
得意げに

（悲しみ）
悲しそうに
さみしそうに
申し訳なさそうに
後悔したように

（怒り）
怒ったように
うんざりして
いらいらして
緊張して

（恐れ）
こわがったように
心配して
不安そうに
とまどったように

ただし、教材の全文に音読記号を書き入れることは、無意味です。文章の内容を深く読み味わわせたい部分や、子どもたちに味わい深く読ませたい部分、そして、子どもたちが自ら読んでみたいという部分を中心にすることが大切です。最後には、音読記号を書き入れないで、自分の力で読むことができるようにしたいものです。

【子どもが考えた音読記号の書き込み】

やまなし　宮澤賢治

…「そうじゃない。あれは、やまなしだ。流れていくぞ。ついていってみよう。＜＜ああ、いいにおいだな。」＜＜
なるほど、そこらの月明かりの水の中は、やまなしのいいにおいでいっぱいでした。
三びきは、ぽかぽか流れていくやまなしの後をおいました。

Ⅲ章

目的に応じた多様な音読

1 目的に応じた音読の方法

音読の学習は、国語科の学習の第一歩です。第一歩の学習ですが、初歩的な学習というわけではありません。突き詰めていけば大変奥が深く、様々な技術を必要とし、芸術的な言語活動にもなります。人間の個性が輝きを放つ言語活動であるともいえます。

しかし、小学校の国語科ではそのような高いレベルの音読をめざす必要はありません。文章を理解する力や音声言語の基礎的な力を身に付けることを目的とすることでよいのです。そのためには、音読を繰り返し、目、耳、口を通し、簡単な動作化等も含めて、文章を全身で受け止めることをめざすべきです。

音読の対極にあるのは、黙読です。声を出さず、目で文章を追い、内容を考えます。目で文章を追うといっても、意識の中では音読をしているのが小学生です。音読がすらすらできるようになると、黙読もすらすらとできるようになるのです。小学生は、音読の体験を土台として黙読する力を身に付けていくのです。

音読には、次のような特徴があります。
①目の前にある文章の漢字の読みを確かめ、一つ一つの言葉の発音を知ることができます。
②音声言語の基礎的な訓練の場となります。発声、発音、アクセント、イントネーション、間の取り方、流暢な言葉づかい等です。
③書き言葉を豊かなイメージの世界に開放することができます。個性的な音読で、一人一人が文章から抱いたイメージの違いを共有することもできます。
④一人一人の子どもの読む力を評価することができます。音読の様子から、子どもが身に付けている読む力を探ることができます。
⑤読む力の育成とともに、文章理解をふまえて朗読などの表現活動に発展させることができます。動作化や劇化などへの発展を図ることもできます。

一方、黙読には次のような特徴があります。
①音読よりも速いスピードで文章を読むことができます。これは、年齢が進むほどそうなります。小学校の低学年ではそれほど違いは見られませんが、高学年になるにしたがってかなりの違いが出てきます。
②他の人を意識しないで、内容を確認するために前に戻ったり、繰り返し読んだりすることが気軽にできます。声を出さない分、考える余裕も生まれます。
③黙読の力が伸びてくると、一語一語読むことから、語句や文をまとまりでとらえた視覚を中心とし

た読みも可能になっていきます。そういう意味では、黙読は視読というレベルに発展していくことで情報を読み取る力が大きく伸びていきます。

以上のように音読と黙読には、様々な特徴がありますが、どちらが良い悪いということではありません。教室の中では、音読と黙読が表裏一体となっています。全員が一緒に音読するとき以外は、誰かが音読している時は、他の子は聞きながら黙読していることになります。両者の特徴や良さを生かして指導過程の中に適切に位置付けて指導することが大切です。

日常の学習では、これから紹介する音読の方法を、一つ一つ単独で繰り返すのではなく、目的に合わせていくつか組み合わせて指導することが大事です。音読と黙読とのかかわらせ方にも配慮し、レベルを設け、多様にチャレンジさせることが有効です。小さなステップを設けて、クリアーする楽しみを作り、子どもたちが達成感をもてるようにするとよいでしょう。

子どもたちが達成感をもてるようにするために、次の三つのポイントでレベルを設けるとわかりやすくなります。

（1）正確に読むこと。誤り読み、抜かし読み、すり替え読み等、正しくない読み方を減らすことを目的として音読練習をさせます。誤りは、数えることができるので、目標を設定しやすく評価がしやすいのです。子どもたちにとってわかりやすい学習となります。

（2）速さ・リズムを考えて読むこと。すらすら読みながら内容を読み取っていくこと、ゆっくりと心情などを考えながら表現すること等、目的によって読む速さは変わってきます。目的に応じた読む速さを設定することで、評価もしやすくなります。適切な速さで読めるようになることは、実生活でも役に立つことです。

(3) 強調の仕方等を考えて工夫して読むこと。文章の内容を伝えるための効果的な読みのためには、強弱を付ける、間をとる、声の調子を変える等、いろいろ技術的な工夫をすることが必要です。文章の内容や目的を考えて工夫することで、効果的な読みを子どもたちの相互評価の活動の中で創造的に進めることができます。決してレベルの高い学習をめざすためではないのですが、音声言語の基礎的な学習として必要なことです。前の二つのポイントほど評価しやすいことではないのですが、豊かな言葉の学習につながる観点として欠かせないことです。

以上の三つのポイントで、目的や課題に応じて、スモールステップ化も図りながら、チャレンジさせるようにしましょう。どの教材でも三つのポイントを取り入れるのではなく、教材の特性に応じて軽重を付けることが大事です。

以下は、基本的な音読の方法について、その特徴や指導例です。

（1）追い読み（追いかけ読み）

「追い読み」とは、誰かリードしてくれる人の読みの後を追いかけて音読練習することです。リードするのは、初めは教師がよいでしょう。でも、学習の目的によっては子どもにリードさせることもよいことです。

追い読みには、次のような特徴があります。

①音読が苦手で自信のない子にとっては、正しい読み方や文章の流れがわかり、助けとなります。
②でも追いかけながら読むので、人任せで多少不注意でも良いという安易な気持ちを醸成しがちです。ある程度すらすら読めるようになった段階で追い読みを繰り返すと安易な追いかけになりがちです。
③教師がリードする場合は、どんな音読を手本として示すのか、明確な意図をもって臨むことが大事です。初めは漢字や言葉の発音、それから言葉や文のまとまり、そして強調点を考えながらのリードなど、学習の段階に適したリードができるように教師も音読を鍛えなくてはなりません。

以上のような特徴に注意しながら指導過程の中に適切に追い読みを位置付けると、効果的な指導をすることができます。

1　追い読みで正しく読む力を育てる

音読は、正しく読めるようにならなければいけません。正しく読んで、書き手の思いをしっかりと受け止めることが読むことの学習の出発点です。そのためには、漢字や言葉の読み間違いをなくすことが大事です。教師がリードして正しい読みを追い読みで体得させましょう。

正しい読みを学ばせるためには、一文ずつの追い読みからスタートするのがよいでしょう。先生が読み、すぐそのあとを追い読みさせます。漢字の読み、言葉のつながり方、句読点などへの意識付け等に配慮しながら、手本となる正しい音読でリードしてあげましょう。クラスの実態によっては、漢字にルビを振らせてもよいでしょう。スラスラ読めるようになったら消す約束をしておきます。

一文ずつの追い読みは、二～三回やれば十分です。あまり繰り返すと逆につまらない練習になります。数文ずつまとめて追いかけさせたり、短い段落であれば段落ごとでもよいでしょう。流暢に読めるようにするところまでねらうのであれば、まとまった量を追い読みさせることがよいと思います。

2　すらすら速く読む力を育てる

説明文では、ゆっくりと丁寧に読むだけではなく、すらすら速く読む練習もしましょう。中学年を過ぎたら必要な技術です。

すらすら読みながら内容を概観したり、大切な言葉を探したりする力が必要になってきます。そのような読みも追い読みの形で訓練し、だんだんと自力でできるように育てていきましょう。上手な子の真似をさせるように追い読みさせてもよいでしょう。

追い読みでテンポよく追いかけさせるためには、子どもたちの追いかけてきた声に、リードする声を少しずつかぶせるようにしていきます。自然にテンポアップができます。

例えば、「今日は、とてもいい天気になりました。」という文を読み、子どもたちが追いかけて読んだ場合、初めは、「なりました。」の「。」の次に間をとって次の文を読んであげます。しかし、テンポアップさせたいときは、「た。」と追いかける声が終わりきらないうちに次の文を読み出してリードするのです。追いかける子どもたちは、少しせき立てられて読み方がテンポアップします。それに合わせてリードする読みのテンポを少し上げていくのです。緊張感のある追い読みになっていきます。

3　追い読みで工夫した読みを交流する

物語文の会話の部分を工夫して読む練習は、とても楽しいものです。お互いの工夫を聞きあっているだけでも楽しいのですが、それをまねし合うと体験的な学習ともなります。もっと工夫した音読に挑戦してみたくなります。

例えば四年生「ごんぎつね」の兵十と加助の会話の部分を、人柄・気持ちを考えて音読の工夫をする学習を考えてみましょう。

兵十は、どうして栗やマツタケが戸口におかれるのかとても不思議です。その気持ちを音読で表現させるのです。また、それに同調する加助の受け答えをどうするかも考えさせます。でも、工夫の仕方を言葉で説明することは難しいものです。実際に音読で表現してもらうのがよいのです。みんなが興味をもった表現を、工夫した人のまねをしながら追い読みをしてみると実感できます。うまくまねできなくても工夫するためにどのように発音や発声を考えたらよいかを体験的に学ぶことができます。音読は体験的な学びが大事です。

(2) 斉読(一斉読み)

「斉読」というのは、一斉にみんなで声を合わせて音読練習することです。「一斉読み」とも言われます。初めて教材に接する時などによく取り入れられてきました。

斉読には、次のような特徴があります。

①上手な子の読み声を全員でまねて、身体で言葉を覚える場になります。自力でスラスラ読めない子にも、他の子の読み声が支えになり、助けにもなります。

②斉読は群読指導に役立ちます。声をそろえることの楽しさ、心地よさを体験させ、それがいろいろな工夫の下地になります。

③でも、無理に声を揃えようとすることで、不自然な読み癖や調子のつくことがあります。昔から「教室読み」などと批判されることの多かった読み方です。

④他の人に声を合わせているだけ、自覚なく口をパクパク開けるだけの子どもも作りがちになることもあります。

その特徴やよさを考えて学習に取り入れていきましょう。

1 斉読で正しく読む力を育てる

斉読は、正しく読む力を付けるための活動としてよいものです。そして、クラスの子どもたちが、共通の課題に向けて取り組む下地ができたかどうかを確かめることのできる音読でもあります。

まず、追い読みや自由読みで、だいたいすらすら読めるように指導します。全員が、すらすら読めるようになれば、学習を進めていくための共通の土俵に乗ったことになります。それを斉読で確かめるのです。

範囲を決めて、みんなでそろって読むように指示します。読む速さやテンポは、少しゆっくり目にしましょう。学年に応じた速さですらすら読めるようになればよいのです。斉読をスタートしたら、子どもたちの目の動きやページのめくり方を注意深く観察しましょう。子どもたちの音読の力がそろっているかどうかを確かめるためです。目の送り方が他の子よりもずいぶんと遅い子、周りの子に合わせるためにあわてている子、注意が散漫であちこちに目が泳いでいる子等、個別指導の必要な子がいないか注意深く観察するのです。

自分のクラスであれば、配慮の必要な子どもは大体わかっているはずです。学年の初めなどで実態の把握がまだ進んでいないクラスでは、個別指導の必要な子どもを探すチャンスです。

個別に注意を促したり、姿勢などを直したりする場合は、静かに近づき手を差しのべたり小声で指導したりしましょう。他の子の音読練習の妨げにならないように配慮する必要があります。肩や背中、本に軽く触れるだけで十分指導になります。

きちんと読めているかどうかを確かめたい場合は、ペアを組ませ、半分ずつ斉読をさせましょう。

隣同士で聞き合うのです。隣の聞いている子が、間違いをチェックして教えてあげるのです。読み間違い、抜かし読み、一時停止読み等、斉読に正しく乗っていくことができないところを聞き取ってチェックさせます。お互いに思いやりのある態度で相互評価する姿勢を育てましょう。交代でやらせると、ゲーム感覚の楽しさも出てきます。一ページ読む間に誤りが何回までが合格かを明示して取り組ませましょう。チャレンジする楽しさを感じさせながら学習に取り組ませることが大事です。

2　斉読ですらすら読む力を育てる

低学年ですらすら速く読む練習を体験的にさせるためには、斉読が効果的です。なかなかすらすら読めない子でも、沢山の読み声に支えられながらついていくことで、めざすべき速さが体感でき、自分の学習の目標とすることができます。

一年生の文は、分かち書きになっています。意味を読み取りやすくするためですが、音読の際は、いつまでもぶつぶつ切れた読み方から卒業できない子も出てきます。分かち書きされている言葉を聞きやすくつないで読む練習も必要です。一年生の終わりに近づいたら、そろそろ分かち書きの音読から卒業させるように練習させましょう。言葉や文のまとまりを意識させながらの音読練習になります。

クラスの中で、すらすら読める子どもを中心に斉読させてみましょう。遅い子に合わせてゆっくり読むことも大切です。すらすら速く読める子に合わせて頑張らせることも大切です。どちらか一方だけでは不十分だと思います。どちらも体験させましょう。

クラスの子どもの実態によっては、手本となる子どもの読みをまねて読ませるようにしてもよいでしょう。その場合は、手本となる子を何人か立たせ、声が通るようにしてあげ、その子たちの声を頼りに全員で斉読をさせます。リーダーになった子は当然張り切りますが、あまり速くなりすぎないように注意させましょう。

以上のように斉読は、文章を正しく、すらすら読む練習のための音読として効果的に活用できます。沢山の声に紛れることで個は見えづらくなります。個が見えづらくなるからこそ困っている子が少し安心してがんばることのできる場にすることが可能です。全体に紛れている子に、教師は寄り添い支援してあげましょう。

(3) 自由読み（各自読み）

子どもたちが、それぞれ自由に音読練習をするのが「自由読み」です。家庭学習での練習を習慣付けるためにも、まず教室で自由に一人で練習できるようにさせたいものです。毎日少しずつ子どもが自主的に一人で頑張ることができるようにしていかないと、言葉の学習の基礎は固まらないのです。

自由読みには、次のような特徴があります。

①一人一人の好きなペースや好きな読み方で練習することができます。
②一人一人の個性を音読練習の中で生かすことができます。

③でも、注意して見取ってあげないと、つまずいている子に気付かないことがあります。また、怠慢な子を放置することにもなりかねません。机間巡視などして、一人一人の様子を観察することを忘れてはいけません。

自由読みは、勝手な読みではありません。自由は、責任を伴うものでなくてはなりません。音読における責任とは、文章を書いた人に対する責任です。文章を書いた人の思いを大切にして、正しく読む、思いをしっかりと受け止めながら読む、自分の中に文章を取り込んで自分なりの考えを持つ等をめざして読ませるようにしましょう。

1　自由読みで正しくすらすら読む力を育てる

自由読みは、一人一人の音読の仕方を大切にするための練習のさせ方です。三十人いればそれぞれ違う力をもっている子どもたちですから、追い読みや斉読で大体読めるようになっても、一人ですらすら読めるようになっているとは限りません。自分の力で、自分に合った速さ、リズム、声の大きさで自由読みできるようになるための練習の場も必要です。内容にも思いを致しながらすらすら読めるようになるためにも必要です。

「みなさん立ちましょう。自由読みを一回して座りなさい。」

こんな簡単な指示で十分です。自由読みの時は、雑然とした声が響き合いますが、子どもたちはそんなに気にならないようです。過敏な子どもには配慮する必要がありますが、自分の読み声に集中させるようにしましょう。

ただ、終わった子から座り、読み声がだんだん少なくなったとき、遅い子の読み声が静かな教室に響くことがあります。短い時間で、そのような状況でも動揺しない子どもならよいのですが、音読が苦手で、プレッシャーに感じてしまう子どもがいる場合は、早く座った子どもに続きを音読練習して待つように指示しましょう。そうすれば教室が静まり返ることはありません。全員座ったところで次に移ればよいのです。音読練習に限らず、子どもの活動のスピードはまちまちです。子どもの実態に応じた配慮を忘れてはいけません。

2 自由読みで工夫して読む力を育てる

自由読みは、子どもたちの個性を大切にする活動です。一人一人の工夫した読み方を練習するには自由読みが適しています。

物語文では、登場人物の心情を考えて会話文の読み方を工夫することがよくあります。それぞれの抱いているイメージを音読で表現させることは、言葉で説明させるよりも具体的で生き生きとした表現を生み出します。自由読みで練習させて交流させましょう。

説明文でも工夫した読み方を考えさせることができます。例えば、四年生の『動いて、考えて、また動く』について考えてみましょう。

この説明文は、筆者が自分の体験を通して考え、読者に伝えたいことを述べています。体験を具体的に書き、そこから学んだことを小学生にもわかるように語りかけるように説明しています。「自分が筆者になって語りかけるつもりで読んでみましょう」と働きかけることも可能です。大人に変身して音読することはできません。でも、書き手を意識した読みの素地を育てるため、筆者になったつもりで読むという活動は、説明文を楽しく読むための学習活動として有効です。

初めは先生が演じてあげるとよいでしょう。次は、工夫の面白い子どもに表現させてみましょう。筆者の伝えたいことを明らかにして、その要点を上手に強調する表現に触れさせてもよいでしょう。自由読みで表現練習させ、楽しく交流活動を展開しましょう。

場合によっては、前にあげたように追い読みで上手な子の工夫をみんなで真似て体験させることもよいことです。追い読みでまねながら工夫のよさを体験し合うのです。

（4）指名読み

「指名読み」とは、教師が指名して子どもに音読させることです。指名の仕方を工夫することで、いろいろなバリエーションを設けることができます。

指名読みには、次のような特徴があります。

①一人一人の音読をみんなで聞き、考えることができます。具体的な表現を話題に話し合いを行うことができます。

②そして、一人一人の学習の評価に活用することができます。

③学習課題を工夫し、子どもたちの実態を考えて計画的に指名すると、子どもたちの自主的な学習を

促すこともできます。

④でも、一名ずつ読むので、聞いている子どもが多くなります。場合によっては、聞いているふりだけの子どもをつくりがちです。

⑤従って、聞くことや黙読することと関連を図る指導の工夫が必要です。

以上のようなよさや難しさに気を付けて授業の中に組み入れていくようにしましょう。指名読みのよさを生かす方法を四年生の「ごんぎつね」で考えてみましょう。

1　指名読みで正しくすらすら読む力を育てる

「ごんぎつね」のような長文の教材を、正しくすらすら音読できるようにすることは学習の土台として大切なことです。十分音読して内容を理解し、場面相互の関連を考えられるようになってこそ、より深い学習課題をみんなで検討することができます。

しかし、長文なだけに集中して音読練習させることは難しいものです。何度も音読練習させたいのですが、いつも同じ音読練習の方法では集中できなくなる子どもも出てきます。そこで指名の仕方を工夫してみましょう。教師と子どもとで交互に指名を繰り返すようにすると、緊張感を維持しながらの指名読みができます。

まず初めは、教師が指名します。五～六文程度の段落の長さを目安としましょう。私は、物語文の場合、段落に番号を付けるようにしています。説明文の場合は、全文に番号を付けるようにしています。その番号を活用してどんどん指名していくようにするのです。教師↓児童↓児童↓教師↓児童↓児童、以上のような指名順序を繰り返していきます。教師ばかりでは緊張感ばかりになりますが、子ども同士だと指名してほしがる子どもが増えます。でも、子ども同士ばかりだと指名が男子に偏ったり女子に偏ったりします。ルールを決めて指名させてもよいのですが、テンポ良く指名を続けるためには、教師が間に入った方がよいでしょう。長文の教材の音読練習も、指名するという楽しみをもって進められ、いつあてられるかと楽しみと緊張感をもって黙読にも参加する気持ちが強くなります。

このような指名読みは、課題解決のための文章の確認が必要なときに効果的です。読んでいる子以外の子が、黙読の目的も明確にもてるからです。

2　多様な考えを出させるために指名読みを活用する

内容理解を助けるような、様々な音読の仕方を出させたいときは、子どもの力や個性を考えて指名するとよいでしょう。「ごんぎつね」の中の兵十と加助の対話の場面や最後の場面などをどのように音読するとよいのかなどをいろいろ考えさせ、いくつかのグループの中から誰の音読をみんなに聞かせるかは、指名を考えて読ませなくてはなりません。学習の深浅の行方を左右する指名となります。

内容を考えた音読の工夫は、個人やグループで行わせます。個人で行う前にグループでの練習の機会を設けるようにしましょう。どのように工夫したらよいのか一人一人の子どもにいろいろな表現手段が育っていなくてはなりません。グループ活動にすると工夫のヒントを友達から発見することができます。そのような経験を土台に個人でも工夫を考える場をもたせることが、学習段階として好ましいことです。
「ごんぎつね」の最後の段落では、登場人物の動きを考えて間の取り方を考えさせましょう。兵十が、駆け寄る間の「間」、ごんが、苦しそうにうなずくときの「間」、等イメージを浮かべる手がかりとなる登場人物の動きをある程度共通理解させたり、意見の対立をはっきりさせるなどの準備段階の話し合いが大切になります。音読の工夫を、どうしてそうするのか子どもが明確な考えをもてるように支援してあげることが大事です。

(5) 役割読み（台本読み）

「役割読み」は、台本読みともいいます。物語文であれば、登場人物の会話文と地の文とを役割を決めて音読練習することです。主に物語文で取り入れられる音読の方法です。

役割読みには、次のような特徴があります。

①物語文の学習では、役割読みで登場人物の心情や人柄が音読の上に表現されると、場面の情景やその意味をより豊かに読み味わうことができます。
②全体でやることもできますしグループに分かれてやることもできます。みんながそれぞれの役割で学習活動に参加することができるので、子どもの自主的な活動を促す効果が期待できます。
③でも、明確な役割が設けられなければ、単なるリレー読みと同じになってしまいます。説明文では、

あまり使用されないのですが、この点が難しいからだと思います。

④できれば、一時間の中で初めの役割読みと最後の役割読みとの間に変化が生まれてくることが望ましいでしょう。音読と音読の間の学習の内容が問われることになります。そこがうまくいかないとこの活動を取り入れた意味が曖昧になります。

役割読みは、物語文で取り入れることが多い活動です。登場人物の置かれた状況が大きく変化する部分を検討するときに有効に働く活動です。

役割読みの長所を生かすための指導例を考えてみましょう。

1　役割読みを正しく進める準備をする

物語文では、「　」の部分を工夫して読むことに子どもはとても興味をもちます。例えば二年生の『お手紙』は、役割読みするのによい教材です。しかし、カギ括弧の部分には、誰が言ったのかはっきりとしないところもあります。誰が話したのか、正しく読み取る学習が必要です。全体で確認しないとグループで食い違ってくることもあります。

このようなことが必要なのは、低学年の教材だけではありません。六年生の「やまなし」の会話文もカギ括弧が誰の言った言葉かはっきりとしないところがあります。役割読みするために正しく役割分担することが必要です。

2 役割読みで工夫した音読を交流する

グループ活動で役割読みを工夫させることは、子どもの自主的な活動として有意義です。しかし、それぞれのグループの表現を交流しても、その違いに気付かないことがよくあります。教師は、あらかじめ音読の工夫の多様さを予想しておき、グループごとの交流などの時に取り上げるべき工夫の相違点を考えておかなくてはなりません。心情や情景を検討するポイントを明確に考えておくことと言い換えてもいいでしょう。そのような学習になるように活動の方向性を仕組むのです。

二年生の「お手紙」で考えてみましょう。

がま君は、かえる君のお手紙を見てとても感動します。お手紙の内容を知ったときのがま君の声はいろいろと工夫して音読できそうです。でも、がま君の声が変わり出すのはもう少し前からです。もう待つのは嫌になって、いらいらしている声からどのような声に変わって、そして感動の声に変わったのか、表現を楽しみながら心情の変化を追うことができます。音読の表現で読みを深める契機とすることができるはずです。

(6) 一文読み(リレー読み)

一文読みは、「リレー読み」ともいいます。一文一文リレーしながら読むからです。リレーの仕方はいろいろ工夫できます。座席順のリレーや名簿番号順のリレー、または自由に読みたい人が立ってリレーすることもできます。

一文読みには、次のような特徴があります。
①リレーの方法を工夫すると、楽しい活動に発展させることができます。
②小グループで行わせると、待ち時間が少なく、子どもたちに相互評価を促しながらの活動を進めることができます。
③役割読みなどと組み合わせると、ねらいを多様に設定した活動に発展させることができます。
④でも、たくさんの人数で行うと文章全体を通し読みしても、一人一人の音読の練習量は少なくなり黙読の時間が長くなります。
⑤黙読の時間が長くなるので、注意が散漫になる子どもも出てきます。
グループ活動でいろいろ工夫すると楽しい活動に発展させていくことができるのが、一文読みのよいところです。リレーの仕方をいろいろ工夫してみましょう。

1　一文読みで正しく読む力を育てる

一文読みをグループで行わせると待ち時間が少なく、何回も順番が回ってきます。そのため、子ども一人一人の読みを確認するよい機会となります。グループは、三人か四人がよいでしょう。

一文読みは、学習課題に取り組む前に文章内容を確認するときによい活動です。リレーして読んでいる子の声と文章を照らし合わせながら黙読することで、学習課題に関係している部分に意識を集中しやすくなります。個別に黙読させる場合よりも、目と耳の両方から文章が入ってくるので意識を集中させやすくなります。黙読している子どもの目の動きなどを観察していると集中度を測ることができます。

自由読みなどに比べて、グループでの課題解決につながるので、子どもの自主的な活動を促し、子ども相互の学び合いの場を作るという意味でも有意義です。その中で、一人一人の音読の力が確かめられていくのです。音読の苦手な子や遅い子は、自己評価の場となり、新たなめあてを意識する場になります。音読の得意な子は、他の子の手本として活躍できますし、音読を意識せずに課題解決に向かえばよいのです。

私は、この一文読みを説明文での学習で多く用いるようにしています。説明文の場合、手がかりとなる語句や文を探す機会が多く、少しレベルの高い学習課題の場合は、広い範囲の文章内容を友達と再確認する音読として有意義です。

2　一文読みで工夫した読みを交流する

物語の一文読みは、工夫した読み方を比べる場合に有効です。

グループごとに音読の工夫を考えて練習し、それを交流する学習は、よく行われることです。グループごとに順番に発表し、感想を交流したり違いを検討したりする学習に発展させていきます。その場合、工夫の違いがはっきりとしない場合がよくあります。特に、グループの数が多いと違いを聞き分けることが難しくなります。そのような場合、工夫した音読を比べる文を一文決めて一文読みさせると班の数が多くても違いが見えやすくなります。

工夫して読みたい文の前後の数文、或いは段落全体をクラス全員で読みます。そして、工夫の仕方を比べたい一文のところまで読んだところで、グループの代表の子や自主的に発表したい子に、工夫して読む一文を順番に一回ずつリレーしながら繰り返し読ませるのです。そうすると一人一人の工夫の異同が比べやすく、どの工夫が共感できるか聞いている子どもたちも選びやすくなります。発表する子は、他の子の工夫に引きづられないように自分の工夫をしっかりと表現しなくてはならないのでかなり集中して表現しなければなりません。十分な練習が必要です。その練習は、グループのメンバーで支えてあげなければなりません。学び合い、助け合いの力を育てていく場にすることができます。

以上のように一文読みは、グループで行わせるといろいろ楽しい活動に展開できます。でも、沢山の人数ではいけないということではありません。沢山の人数で行うと、読んでいる人以外は、目で文章を追いながら黙読ができるので、そのことを生かして考えながら文章内容を確認することができます。集中できない子どもが出ないように注意しながら、黙読の指導の場とすることができるのです。範囲を限定し、黙読しながら考えさせる場を効果的につくることのできる音読の方法です。

(7) 分担読み

「分担読み」というのは、段落ごとに男女で分担して読んだり、グループで分担して読んだりすることです。分担の仕方をいろいろ工夫することができます。

分担読みには、次のような特徴があります。
①分担することで、競い合いを促すことができます。
声の出し方、工夫の仕方を競い合い、学び合う場合に有効です。
②分担するために文章を分析する必要が生じます。
分担するためには、文章を観点を決めて分けなければいけません。そのために文章を検討し、分析しなくてはならないのです。
③でも、分担することで、変に競い合うことを促すと叫び声で読んだり、変な調子の付いた読み方になることがあります。

分担読みは、分担するための話し合いを促すことで、学習を深めることができることがよいところです。このよさを生かして指導過程に適切に位置付けるようにしましょう。

1　分担読みで音読の基礎的な力を育てる

分担読みの効果的な活用の場は、音読の基礎的な練習の場です。発音の練習、発声の練習、読み方の工夫の練習などの学習をする場合、適度な競争を促しながら音読活動に取り組ませることができます。

男女で分けて読ませると、自然と競い合い声量もアップします。あまり競争をあおってはいけませんが、一人一人ではがんばれない子でも集団の力に乗って努力することができます。声量ばかりではなく、はっきりとした発音、明確な工夫の観点などを示し、それを目標に分担読みの中で繰り返し練習させることができます。

2　分担読みで正しく読む力を育てる

分担読みの活動としてよく行われるのが「紙芝居」です。紙芝居は、物語をいくつかに分けて絵を描き、めくりながら読み聞かせます。物語をどのように分けるかというのが学習課題の一つになります。場面分けするのですが、一つの場面をさらにいくつかに分けることもあります。場所、時間、登場人物の変化に合わせて分けていくことが、子どもの学習にはとても有効です。場面の変化を考える必要感が明確にもてる学習になるからです。

分けた文章を分担して表現することが次の学習課題になります。一人一人で分担したり、グループで分担したりして表現の工夫をすることになります。目的に応じた分担読みの学習ができます。

この他に分担読みの場としては、詩の各連を分担して読む場合、群読をするために分担して読む場合、呼びかけを分担して行う場合などがあります。いずれも分担読みにおける分け方や分担ごとの音読の仕方が話し合われなければいけません。

2 古文・漢文の音読（伝統的な言語文化）

小学校の教材として取り上げられている古典は、低学年でおとぎ話、中学年では俳句や短歌、高学年でようやく有名な古文の一部となっています。いずれも、声に出して慣れ親しむことがめあてとなっています。

（1）低学年で取り上げられている伝統的な言語文化

低学年では、『三まいのおふだ』などのおとぎ話が取り上げられています。低学年の児童には、聞いて意味の大体がわかるような文章でなくては学ぶことはできません。ところどころに「昔の言葉みたいだ」と気付く程度の表現のものでよいのです。そのように「昔の」と感じ取れること、感じ取れた楽しさを体験として積み上げていくことが大切です。

子どもの頃、百人一首を意味もよくわからずに覚え、遊んでいましたが、そのような経験も大切です。体験的に慣れ親しんでおくことが、後々の学習の土台となります。

おとぎ話の中には、『竹取物語』や『桃太郎』など、今でも子どもたちがよく知っているお話があります。現代語に近いかたちに再話されたものを読み聞かせてあげることで、少しずつ古い表現に慣れ親しませていきましょう。

〈読み聞かせたいおとぎ話〉

・一寸法師・浦島太郎・かちかち山・金太郎・吉四六
・こぶとりじいさん・さるかに合戦・三年ねたろう・したきり雀
・竹取物語・力太郎・桃太郎・わらしべ長者

おとぎ話には、現代に生きるわたしたちも共感できるものの見方や考え方が沢山隠されています。それを読み聞かせの後で、子どもたちと楽しくおしゃべりするのもいいものです。

(2) 中学年で取り上げられている伝統的な言語文化

中学年では、俳句や短歌を取り上げています。短い表現の中に「少し古い言葉」が、効果的に使われ、イメージの世界を広げていることを楽しく味わうことができます。

（三年生で取り上げられている俳句）

春の海終日のたりのたりかな　与謝蕪村

「終日」の「ひねもす」という読みを辞典で探し、子どもたちは喜びます。「のたりのたりかな」をみんなで身体表現して、言葉の表現性を楽しめます。俳句を鑑賞すると言うよりも、言葉の表現性をイメージ化や身体表現することで楽しむことができます。

痩せ蛙まけるな一茶ここにあり　小林一茶

「痩せ蛙」を絵にして楽しめます。「ここにあり」と励ます一茶の表情をみんなで想像して話し合いが盛り上がります。一茶になったつもりで俳句を吟じながら一茶のように表情を変えて遊びます。そんな学習で古典が古典でなくなります。子どもにとっては、楽しい遊びの場となるのです。

青がえるおのれもペンキぬりたてか　芥川龍之介

「おのれも」の「も」を強調して読まなければなりません。「も」を手がかりに、ペンキ塗りをしているそばにピョコンとあらわれた「青がえる」の様子が思い浮んできます。それにおどろいて「おのれも」かと青がえるに語りかけている様子を楽しむことができます。語りかける口調をみんな工夫できます。

ひっぱれる糸まっすぐや甲虫《かぶとむし》　高野素十

「糸まっすぐ」と強調しているところから、カブトムシが渾身の力をふりしぼって糸を引く姿が浮んできます。男の子に手足の様子を想像させて動作化をさせると音読の工夫にも力が入りそうです。読み声でも「まっすぐや」の表現ができるといいですね。

（四年生で取り上げられている短歌）

石走る垂水の上のさわらびの萌え出づる春になりにけるかも　志貴皇子

この歌を現代語に翻訳してみます。「石走る」は、「いわばしる」と読むことで大きな岩に変身し、「萌え出づる」は、勢いのよいまっすぐと伸びた大きなワラビに変わります。子どもは、読み方を知ることでイメージを豊かに拡大して楽しむのです。川の大きさが、どんどん大きくなり明るくきれいな水面が見えてきます。際限なく広がる想像が、歌の世界をはみ出すこともよしとして楽しみましょう。

見渡せば柳桜をこきまぜて都ぞ春の錦なりける　素性法師

いろいろな色を想像させせます。柳、桜、都の寺院、春の植物のいろいろや、それを楽しむ人々の装い等です。「錦」をデザインさせるとおもしろい柄の着物が沢山できます。春の様子を小高い丘から眺めている気分で楽しいファッションショーが楽しめます。

田子《たご》の浦《うら》にうちいでて見れば白妙《しろたえ》の富士《ふじ》の高嶺《たかね》に雪は降りつつ　山部赤人

旅の途中に田子の浦に「うちいでて」来た感じを動作化させてみると、子どもらしい開放感を表現しようとします。それを遠くから見守る富士を、お山の気持ちになって一言語らせてみるのも面白いものです。富士を見上げる側と立場を替えて楽しむことで歌の世界を新たに発見できます。短歌に続けて、富士の一言を添えて楽しみましょう。

（3）高学年で取り上げられている伝統的な言語文化

高学年になってようやく有名な古典の教材が出てきます。竹取物語や平家物語、論語などです。大体の意味を指導し、現代の表現と比較させながら、暗唱することをお勧めします。繰り返し音読し、暗唱することで体で古典に慣れ親しむのです。小学生の発達段階では、暗唱が最もよい学習方法だと考えます。よい古典の有名な部分を抽出し、どんどん暗唱させましょう。

高学年には狂言などの戯曲も取り上げられています。狂言のビデオなどを活用して楽しくまねしてみるのもいいでしょう。狂言の型をまねして劇化して遊ぶのは、大変盛り上がります。恥ずかしがりながらも狂言風に歩きながら「やるまいぞやるまいぞ…」と楽しく演じることができます。

〈暗唱させたい古典〉

・鴨長明『方丈記』の冒頭
・清少納言『枕草子』の冒頭
・吉田兼好『徒然草』の冒頭
・『平家物語』の冒頭

・松尾芭蕉『奥の細道』の冒頭
・与謝野晶子『君死にたまふことなかれ』
・福澤諭吉『学問のすゝめ』
・カール・ブッセ（上田敏訳）『山のあなた』

この他、落語や歌舞伎などからも一節を拝借して暗唱し、表現の楽しさを音読で、感じさせてみましょう。声に出すことで、意味を深く受け止められなくても、子どもは楽しむことができます。

高学年の古典の教材には、現代語訳が添えられています。音読する時に、古典の一文と現代語訳の一文を交互に分担読みするとよいでしょう。男女で分担して読んだり、ペアーで分担して読むことでだいたいの意味を理解することができます。

古典の学習では、古典の中の語句が、現代語訳の中のどの語句に対応しているのかをすばやく探すことができることが大事です。古典に慣れていない子どもたちは、思いの外大変だと感じます。クイズ風に、音読や暗唱の練習と一緒にやりましょう。

3 音読練習法

音読の技術の基礎練習をいろいろ工夫しましょう。同じ活動の繰り返しでは、子どもの意欲や関心を高めていくことはできません。指導のためのいろいろなバリエーションをもっていることが大事です。

(1) 発声・発音の練習法

発声・発音をよくするためには、舌や唇、声帯の訓練が必要です。自分の思い描くイメージに合った声を出せるように訓練しなくてはなりません。舌、唇、声帯の三つについて、その練習法を考えてみましょう。

1 舌の訓練

舌の訓練には、「レロレロ運動」というものがあります。「レロレロ」とゆっくりと言ってみましょう。舌が、口の中で上下に活発に動きます。スピードを上げると、それこそよれよれになって変になります。スピードにのっても舌の運動がおかしくならないように練習しましょう。

同じような舌の運動は、「ラリラリ運動」「スルスル運動」「ガリガリ運動」等でもできます。子どもたちにいろいろな運動を作らせて、上手になったら合格シールをあげるなどして、チャレンジさせていきましょう。

2 唇の訓練

唇の訓練には、「ペロペロ運動」というものがあります。「ペロペロ」とゆっくり言うと、唇が開いたり閉じたりします。舌も一緒に動きますが、唇のかたちに注意を向けさせましょう。大声を出すのではなく、歯切れよく声を出すようにすると唇の動かし方がよくなります。

同じような唇の運動は、「パンパン運動」「パクパク運動」「ハクション運動」等でも楽しく運動できます。速いテンポで行うと、唇と一緒にあごの訓練にもなります。

イメージを広げながらの訓練にするためには、ネズミの「パクパク運動」、カバの「パクパク運動」、等のように具体的な動物などをイメージさせて練習させると楽しい学習になります。

3 声帯の訓練

声帯は、筋肉のかたまりです。筋力トレーニングのつもりで訓練しましょう。やりすぎると筋肉痛で声が出なくなることもあります。大声を無理に出すのではなく、適切な負荷をかけながら継続的に鍛えていきましょう。

声帯の訓練には、「あくび運動」というのがあります。大きな口を開けて、できるだけ長くあくびをするのです。楽しく調子を付けてあくびをしてもかまいません。のどに力を入れないで、リラックスして長くあくびをすることで、声帯をしっかり振動させて肺の機能の向上も図るようにします。「あーああ」という普通のあくびだけではなく、すべての母音でいろいろなあくびをして遊ぶとよいでしょう。「ネズミさんのあくび」を十秒、「ぞうさんのあくび」を十秒など、楽しくイメージをつくりながら訓練しましょう。他に「ワッハッハ運動」もあります。みんなで笑いながらやりましょう。

以上のような、舌・唇・声帯の訓練は、子どもの実態に応じて指導の量を考えましょう。すべての子どもが、ある程度声量があり、はっきりとした発音ができるようになったら、簡単な準備運動のように行うぐらいでよいでしょう。

(2) 滑舌の訓練

前記の練習をまとめて滑舌をよくするためによく行われる練習が、早口言葉です。早口言葉をたくさん集め、段級位などを付けて取り組ませると子どもは意欲的に頑張ります。

早口言葉は、言葉の連続の中に舌や唇がうまく動かない部分を作っています。その部分を意識させ、舌や唇の動きを確認させて取り組ませましょう。

例えば「東京特許許可局」などは、「特許」の「きょ」と「許可」の「きょ」が重なるためにうまく話せなくなります。そのような部分に意識を集中させて練習を頑張るように指導しましょう。漠然と難しいものを続けると子どもは失敗体験ばかり残って意欲を無くしていきます。

(よく使われる早口ことば)

(初級)「生むぎ　生米　生たまご」
「青巻紙　赤巻紙　黄巻紙」
「黄パジャマ　茶パジャマ　赤パジャマ」
「赤かまぼこ　黄かまぼこ　茶かまぼこ」

(中級)「バスガス爆発」
「新春シャンソン・ショー」
「魔術師今手術中」
「きつつき　きつつく　つつく木」
「となりの客はよく柿食う客だ」
「このくぎは引きぬきにくいくぎだ」

(上級)「かえるぴょこぴょこ三ぴょこぴょこ合わせてぴょこぴょこ六ぴょこぴょこ」
「うちのつるべはつぶれぬつるべ、となりのつるべはつぶれるつるべ」
「ささ原さん佐々木さん佐々三郎さん三人さっそくあさってさそってさしあげましょう」

「飛んだ飛んだとっとと飛んだ。堂々と飛んで、ちゃっと立て」

「今日の狂言師が京から今日来て、狂言今日して京の故郷へ今日帰った」

「向こう小山の小寺の小僧が小棚の小鉢の小味噌をなめて、小頭こつんとこづかれた」

「武具馬具武具馬具三武具馬具、合わせて武具馬具六武具馬具」

(3) 書き言葉に豊かなイメージを添える音読練習法

書き言葉は、一つの意味を担って使われます。でも、それを音声化すると新たなイメージを添えることができます。そのことを体験的に楽しませることが、音読の工夫への意欲づけになります。

例えば、「ありがとう!」をやさしいお母さんが言ったらどうなるか、暴れん坊の男の子が言ったらどうなるか、幽霊が言ったらどうなるか、等イメージを広げながら考えさせるのです。物語の音読を工夫させる前に基礎学習として音声言語化することの楽しさ、イメージを多様化させることの体験的な学習を経験させておきましょう。

〈練習問題例〉

①「ゆっくり食べるのよ。」
- やさしく言いましょう。
- きつくしかるように言いましょう。
- 心配するように言いましょう。

②「おにごっこしたい。」
・自分がやりたい気持ちで言いましょう。
・相手にたずねるように言いましょう。

③「この本かして。」
・おねがいするように言いましょう。
・命令するように言いましょう。

④「はい、わかりました。」
・素直に答えるように言いましょう。
・いやいや答える感じで言いましょう。

⑤「なんだ。」
・つまらないな、という気持ちで言いましょう。
・驚いた気持ちで言いましょう。

どの例題も、シチュエーションを具体的に想像させ、それに合った表現を工夫させましょう。上手な子のまねをみんなでして楽しむのもいいですね。音声言語化すると書き言葉のときにはなかった表現性が発見できます。書き言葉は、表現性の足りない部分をどこかで補って説明していることも教え、音読の工夫の根拠を探す必要のあることも指導しましょう。

(4) 短い詩で音読の練習を繰り返しましょう

音読は、楽しく練習させることが大切です。無理に大きな声を出させようとしたり、子どもが思い描けないようなイメージを表現に求めたりしてはいけません。

音読は、運動と同じです。やり方がわかればすぐにできるのではありません。体力、技術、知識などが、ゆっくりと身に付いていきながら、少しずつ表現として表れてくるのです。継続的な学習や訓練が必要です。

これまで述べてきた練習法を組み合わせて継続したり、短い詩をみんなで楽しみながら練習したりするとよいでしょう。

よく使われるのは、谷川俊太郎氏の『ことばあそびうた』や工藤直子氏の『のはらうた』等です。そのほかに、身近な本や文章から練習教材をつくり、繰り返し練習させましょう。毎月一編ずつ古典なども交えて暗唱させることがよいと思います。よい文章を唇にのせて遊ぶ感覚です。繰り返せば子どもはすぐに暗唱してしまいます。

(5) 音読練習のイメージの共有のさせ方を工夫しましょう

音読は、すぐに消えていく表現です。録音したり、録画してとっておいたりすることで客観的に共有することができます。ただ練習を録音するのではなく、昔話を録音して放送に使うとか、低学年の子どもに読み聞かせをしてあげるとか、目的があると意欲が違ってきます。子どもの学年や実態に応じた場を設定してあげましょう。

4 群読の指導法（コーラス・リーディング）

「群読」というのは、役割分担をし、みんなで声を重ねる練習をし、創造的な演出も考えながら音読の工夫をすることです。合唱をするように音読をするといってもよいでしょう。群読譜という台本を作成して行われることもあります。

以下に群読の指導の仕方をいくつかまとめてみましょう。

(1) 教科書教材を使った群読

教科書の教材を使って群読することもできます。『春の歌』などの詩を自分たちのイメージに合わせて群読に挑戦させてみましょう。

群読は、グループやクラス全員で行います。初めは、少人数で練習させましょう。次頁の詩の各行の横に書かれた番号は四人グループのメンバーの番号です。一人で読むところや二人・三人で読むところなどがあります。このようなメモを初めは教師が作り、やり方がわかったらグループごとに相談させて取り組ませましょう。一人で工夫するときとは違った楽しさや声を合わせる難しさが生まれます。
読む文章に少し創意を加えてみることもお勧めします。詩の中では繰り返させていない言葉を繰り返すことで群読のよさが出ることがよくあります。左の詩の中の蛙の鳴き声は、元の詩では繰り返されていませんが、みんなで繰り返すことで蛙の喜ぶ気持ちを表現しようとしています。このような工夫は、自分たちの理解の表現方法でもあります。子どもたち同士で検討したり相互評価させたりしながら学習を深めることができます。

（四年生　草野心平『春のうた』の群読の工夫の例）

春のうた　　草野心平

かえるは冬のあいだは土の中にいて春になると地上に出てきます。
そのはじめての日のうた。

※①②ほっ　まぶしいな。
③④ほっ　うれしいな。

①みずは　②つるつる。
③かぜは　④そよそよ。
①②③④ケルルン　クック。
③ああいいにおいだ。
①②ケルルン　クック。　③④ケルルン　クック。
①②④ほっ　③いぬのふぐりがさいている。
①②④ほっ　③おおきなくもがうごいてくる。
①②③④ケルルン　クック。

※男女二名ずつで、人数を変えながら群読をします。
・①②…男子二名
・③④…女子二名
☆「①②」は二名で読む。
「①②④」は三名で読む。
「③」は一名で読む。
「①②③④」は四名で読む。
☆詩のイメージを豊かに話し合って、間の取り方やリズムを考えて群読しましょう。

①②ケルルン　クック。
①②③ケルルン　クック。
①②③④ケルルン　クック。

(2) 声を重ねて集団での群読を楽しみましょう

群読では、複数の人数で読むことを工夫します。一人で読むところや多人数で読むところを考えます。人数も二～三人、また数十人といろいろ考えることができます。コーラスのように、一人で読むところは「ソロ」、数人で読むところは「コーラス」として群読譜を作ることもできます。コーラス部隊を「コーラス1」「コーラス2」等と複数作ることでコーラスの仕方も多様に工夫できます。コーラス部隊を男女に分けたり、高学年と低学年等に分けたりすることで声の重なりに変化を付けることもできます。

詩などを使い、左のような群読譜をつくり、子どもに群読を体験させてみましょう。基礎的な体験を通して群読の楽しさを知り、自分たちで工夫したいという気持ちを育てることができます。

〈群読譜の例〉

工藤直子著「のはらうたⅠ」に「おがわのマーチ」という詩があります。この詩を材料にして群読譜を作ってみました。

「おがわのマーチ」群読譜

ソロ	コーラス1	コーラス2	コーラス3	演出のヒント
ツン タタ ツン タ ツン タタ ツン タ ツン タタ	ツン タタ ツン タ みぎむいて ひだりむいて	ツン タタ ツン タ ピン ピン	ツン タタ ツン タ ピン ピン	①リズミカルにソロのことばを繰り返す。 ②「ピン」にあわせて体の向きを右、左に変える。全員そろえてタイミングよく。

ツン　タ

せびれ
そろえて

ツン　タッタ

ぼくら　おがわの
たんけんたい

ツン　タタ

ツン　タッタ

ぼくら　おがわの
たんけんたい

ツン　タタ

ツン　タッタ

ぼくら　おがわの
たんけんたい

ツン　タタ

ツン　タッタ

---

③前を向き直りながら元気よく宣言しましょう。

④少し速いリズムで軽快に泳いでいる様子を思い浮かべて「ツンタッタ」につなげましょう。

（以下省略）

左の群読譜には、ソロとコーラスの役割読み、コーラスで作るリフレイン、簡単な動作化、人数を変えての声の響かせ方の変化、詩の冒頭部分の「ツン　タタ」を後半部分へ挿入する工夫等、様々な工夫が施されています。クラス全員で音読発表会などをやる場合は、このような群読譜をつくると目指す表現がはっきりとし、下学年の子どもにも取り組ませることができます。

高学年の場合は、漢詩などを材料として古典の表現を体験的に学ばせることもできます。

（3） 群読の指導の工夫いろいろ

①群読は、声を聞かせる工夫をいろいろします。その一つに声をどこから聞かせるかということも工夫することが大切です。特に多人数の場合、いろいろな方向から声が飛んでくる方が立体感が出てきてよいものです。

人数が多い場合、隊形をどのように組むかで声の出所が変わります。隊形の組み方も考えましょう。

②声を音程でとらえることを教えましょう。言葉で声の感じをいろいろ説明するよりも、ドレミファの音階で考えさせるとわかりやすくなります。暗い声は、低い音程で考えさせ、明るい音は、高い音程で考えさせるのです。同じようにテンポも音符で考えさせてもいいかもしれません。

③間の取り方は、動作を付けることが有効です。指揮者を付けてその動作に合わせるようにしてもよいでしょう。間を客観的に自分たちの動作を差し挟むことで作るのです。群読する文章の内容に合った簡単な動作を付けると合わせやすくなります。

④タイミングを合わせるためには、高学年の子どもであれば全文を暗唱させます。自分のところだけ覚えるのではなく、他の人のところを黙読し、自分のところは音読するように指導するのです。確

かな群読になります。

⑤群読の工夫の仕方にいろいろな名前を付けましょう。リフレーンを付けるときは「山彦読み」、たたみかけるようの読み方にする場合は「追いかけ読み」、バックグラウンドでBGMのように読む場合は「かすみ読み」、だんだんと大きく盛り上がってくるような読みの時は「せり上がり読み」などです。群読でめざしたい読みのイメージを子どもたちが描きやすいようなネーミングをすると意欲もわきます。中学年以上になると自分たちでネーミングしたがるようになります。

⑥楽器や太鼓を使うなど、音楽的な要素を取り入れることはとても効果的です。楽器なしでも手拍子や足音、声での音づくりを取り入れることでBGM的な効果を期待できます。

⑦詩などの群読の台本を作るときは、文章をビジュアル化することも効果的です。文字の大きさを変えたり色を付けたり、また音階や間の取り方を記号で書き入れたりすることで工夫のポイントが明確になります。

⑧たくさんの人数の声が重なると言葉が不明確になることがあります。特に話し出しの一音目に気を付けましょう。聞き取りにくくならないように発声・発音の練習にも根気強く取り組ませましょう。

⑨発表の場が必要です。クラス相互・学年相互の発表の場を演出してあげましょう。全校集会などで交代で発表させるのもよいものです。学年に応じた群読譜を作ってあげ、それぞれの表現を楽しみましょう。

5 家庭学習としての音読

家庭学習の課題として音読練習はよく使われます。誰でもそれぞれの能力に応じてできる学習だからです。でも、音読を家庭で練習させて授業では省こうと思ってはいけません。家庭学習で十回以上読んでいるはずだから、読む練習は授業中にはいらないだろうと考えると授業についてこれない子どもが増えます。家庭学習の音読は、授業の補助的な活動とし、授業で音読できるように育てることを基本としましょう。

ここでは、音読カードを使った指導を簡単にまとめてみます。

（1）音読カード

音読カードを持たせて家庭学習の課題とするのは、次のような目的があります。

①毎日家庭学習をする習慣を育てるためです。

今は塾に通う子どもも多く、家庭学習の課題の必要感のない家庭もあるかも知れません。しかし、学年に応じた課題を継続的に与え、学習習慣の育成に努めることは、学校の指導として必要なことです。

②親子のコミュニケーションの場を作るためです。

国語科は、言葉でのコミュニケーション能力を育成することを目的とします。音読することで親子のコミュニケーションの場が広がることは、国語科の学習の土台を確かにしてくれます。

③音読は、言葉を支える体力づくりです。

毎日ジョギングをすると子どもの体力は着実に育っていきます。業間マラソンなどはそのための取り組みです。音読も言葉を支える体力づくりと考えて継続しましょう。

次頁のような内容の音読カードを作り子どもたちに配付して取り組ませましょう。

項目の設け方は、クラスの実態や指導の方針に沿ったものを考えるとよいでしょう。「聞いてくれた人」は、兄弟姉妹よりも父母や祖父母などの大人の方が望ましいと思います。保護者に協力を求めましょう。「正しい読み」「すらすら読み」などは、私の指導の方針に沿った項目です。正しく、しかもある程度のスピードで読めるようにしたいと考えているからです。この他、「工夫した読み」等も考えられます。

月日	読んだところ（題名・ページ）	正しい読み	すらすら読み	聞いてくれた人
／				
／				
／				
／				
／				
／				
／				
／				
／				
／				

（2）しっかりと継続させるための工夫

音読カードの指導は、マンネリ化しやすい指導です。しっかりと継続させるための工夫が必要です。

①音読させる教材の指導のねらいを家庭と共有しましょう。

物語文でどんな学習をめざし、どんな音読をしてほしいのか学級通信などでお知らせしましょう。説明文でもどの程度すらすら読めるようになってほしいのかわかりやすく説明しましょう。私は、説明文の場合、全文を間違えずに何分程度で読ませてくださいとお願いするようにしています。

音読カードを教材ごとに作り、評価項目を教材ごとに変えることが望ましいと思います。学級通信で学習のねらいを説明しておき、それを評価項目に反映させるのです。

②家庭音読は、十回程度ですらすら読めるようになることを目標としましょう。

音読カードは、教材ごとに作り、十から十数回練習して終わるようにしましょう。十回を超したら簡単なテストを行い、終了という形が望ましいと思います。

すらすら読めるようになったら家庭音読は、好きな本を選んでやらせてもよいでしょう。初めて見る文章を音読する練習をさせることも大切です。国語の授業は、毎日ありますが、音読に適した教材ばかりが並んでいるわけではありません。いつまでも同じ教材文ばかり読むようにしておくと子どもの意欲も減退していきます。話す聞くなどの単元では、好きな本を選んでおうちの人に読み聞かせをしてあげるようにした方が効果的です。学年に応じた文章を初めて目にしてもすらすら読めるようになることが、大きな目標なのです。

③音読カードの余白や裏面に修了証などを設け、上手に読めたら認め褒めてあげましょう。

音読カードを継続することはよいのですが、毎日欠かさず聞いてあげることは、家庭でも大変な場合があります。家庭事情も様々ですから。私は、教材ごとにカードを作り、キリのよいところで終わるようにしました。そのような場合は、きちんと読めるようになったことを認めてあげることが大切です。きちんと読めないのにカードがなくなったから終わりというのでは、頑張らない子どもをつくりかねません。見取りを行うことを怠ってはなりません。

以上のように、家庭との連携を大切にし、頑張ったら少しのご褒美を準備し、一枚一枚の音読カードを根気強く継続して頑張れるように育てていきましょう。

Ⅳ章

音読を重視した単元の展開例

中学年

単元「場面の様子を思い浮かべ、音読しよう」

言語活動「『きつつきの商売』の音読劇」

三年　学習材▼「きつつきの商売」（光村図書）

1　単元の特色

(1)　単元の趣旨

この単元は、三年生の四月に設定されています。この時期は、学級編成替えなどでこれまでとは違うメンバーになったクラスも少なくない時期です。クラス全体の人間関係をよい方向に導くことが、学級経営上も必要な時期です。そこで、この単元ではグループ活動を多くすることにしました。

グループ活動の中心を音読劇にしました。場面の様子を思い浮かべ、グループごとに工夫して発表する活動の中で、新しい友達を作ることを単元のねらいの一つにしたのです。子どもたち同士の楽しいコミュニケーションの場を広げることは、言葉の学習を豊かに展開するために必要なことだからです。そのようなねらいにおいては、音読劇という言語活動は有効です。

音読劇は、構成劇に動作化を少し加えたものを考えました。書く活動として音読の工夫を特に頑張ってほしいところを、読み方に合わせて書き換えることにしました。一種の台本の書き方の練習のつもりでした。

学習の段階としては、初めの場面でやり方を練習し、二つ目の場面で自主的にグループ活動を進める練習にしました。発表の質を高める時間を十分にとってあげることは難しいのですが、今後のグループ活動の基礎としたいと考えたのです。学年を通して徐々に育てていきたいと考えました。

(2) 学習材について

学習材である「きつつきの商売」は、林原玉枝著「森のお店やさん」の最初に出てくるお話です。「きつつき君が、もしお店を開くとしたらどんなお店でしょう」、と子どもたちの想像力を刺激するテーマになっています。しかも音を売るきつつきの商売が中心となっているお話なので、音読という学習活動にぴったりの学習材です。中学年の時期の豊かな想像力を生かして楽しくイメージを交流させることができます。

発展学習として、もし自分も動物になってお店を開くとしたら、どんなお店を開きたいか考える学習が設定されています。森に住む動物の特性を考えて、いろいろ楽しいお店が考えられそうです。図工でのお話の絵を描く題材と関連付けて展開したいと考えました。

2 単元目標

①場面の様子や違いに注意しながら音読を工夫し、発表することができる。
②想像したことの中心を明確にしながら、様子がわかるように書くことができる。
③言葉には、人の気持ちや行動を表す働きがあることに気付くことができる。
④自然の中で暮らすいろいろな動物のことを考え、想像を膨らませることができる。

3 評価の観点・方法

①音読の工夫を、登場人物の気持ちや人柄に合った読み方でできたか。（音読の観察）
グループでの活動ですが、一人一人の音読の工夫や話し合いの様子から評価したい。子どもたち同士が表現をまねる・取り入れることを大切にさせたい。
②登場人物の気持ちや行動を表す言葉を手掛かりに音読を工夫したり、想像したことを書いたりすることができたか。（音読の工夫の話し合いの観察、ノートの内容の観察）
工夫の根拠を文章中に求める習慣を育てたい。そのために、手がかりとする言葉を探す活動をたくさん行わせ、そのメモを書かせたい。
③二つの場面の違いを整理し、音読の仕方を考えることができたか。（ノートにまとめた表の観察）
表にまとめる場合の項目の立て方を考えさせたい。二つの場面を比べて、共通の項目を探す活動を評価したい。

4 単元指導計画（九時間）

次	時	学習活動	○指導上の留意点 ☆評価
一	1	「音読練習をしよう」 ●音読練習の手順を共通理解する。 ①教科書十二ページを教師が追い読みをする。 ②同じところを一人で自由読みをする。 ③十二ページの中から好きな文を二〜三文選び、一文読みでリレーする。 ←十三・十四ページの1の場面を全員で同じ手順で練習する。 ●2の場面を1の場面の手順でグループ練習させる。 ●全員で斉読する。 ●新出漢字「面・登・物・商・開」の筆順の確認をする。 （板書にあわせて、1、2、3…と指で書く練習をする。）	○1の場面でやり方を練習し、2の場面はグループ活動とする。一時間で終わらない場合は、次の時間を半分使用する。 ○「追い読み」「自由読み」「一文リレー読み」等と方法を変えて繰り返し音読練習させましょう。 ☆全員が同じぐらいのペースで読めるようになったか確かめるための斉読です。（机間巡視で評価）

2

「クイズ大会をしよう」

●1の場面を一文リレー読みする。
←各自自由読みする。
●教科書を伏せて簡単なクイズを出す。
・看板はどんな木で作りましたか？
・なぜ四分音符分よりも長くなったの？
等の簡単な問題を出して答えさせ、子どもたちにも問題を作らせる。
●2の場面をリレー読みする。
←各自自由読みする。
（問題づくりのできる人は考えなさいと働きかける）
●2の場面で子どものクイズ大会をやる。問題を考えた子どもを前に出してどんどん出題させていく。残った時間でグループ活動もさせたい。

○いつ、どこで、だれが、何をしたか、といった簡単な内容確認の問題を出して、教科書を伏せてもすぐに答えられるか確認する。音読と同じく、1の場面で練習し2の場面でグループ活動としたい。
○全体でクイズ大会を数問やり、グループ活動の時間を多くするようにしたい。

二	3	「1の場面の音読の工夫をしよう①」 ●1の場面をグループごとに一文リレー読みする。 ●会話文の読み方を考えよう。 ・野うさぎの様子を考えて「へええ。…」の会話文の読み方を工夫する。 ・「…メニューをじっくりながめて、」と「メニューのいちばんはじっこ…」の間に、じっくり眺めながら野うさぎがつぶやきそうな言葉を考えよう。 ●会話文や地の文、考えて書いたつぶやきなどを役割音読しましょう。	○三人グループでの活動としました。登場人物が少ないからです。 ○なるべく大げさな表現のできる子の追い読みさせて工夫を楽しませたい。 ○想像した「つぶやき」を地の文や会話文に挟み込んで楽しく読む活動です。グループ発表で全体で交流するようにさせたい。
	4（本時）	「1の場面の音読の工夫をしよう②」 ●十四ページをグループで音読練習する。	○グループでの音読練習を子どもたちに任せたい。役割を適宜決めて楽しく練習させたい。

	5	●「コーン」のところの様子を想像し、読み方を工夫しよう。 ・「うんと長い時間…」を具体的に音読で表現する工夫をする。 ・本当に聞こえたようにぶなの木の音を書き直せないかな？ **「2の場面の音読の工夫をしよう①」** ●2の場面の野ねずみの様子を想像して家族の会話の読み方を工夫しよう。 ・野ねずみの子どもたちはどんな子たちなの？ ・グループで役割を決めて音読の工夫をしよう。 ●音読発表会をしよう。	○ゆっくり読んだり、言葉を繰り返したり、工夫の仕方を指導してもよいだろう。 ○やまびこの感じを書き表すためのアイディアを求めたい。 ○音読練習なしですぐに学習課題に取り組ませたい。 ○班ごとに発表の手順を練習させたい。

	6	「2の場面の音読の工夫をしよう②」 ●雨や風の音がぶなの森に響き渡る様子を想像して音読の工夫をしよう。 ・聞こえてきたいろいろな音が、どうして生まれたのか、どんな表現をしたらよいのか考える。 ●グループごとに工夫して音読発表会をしよう。	○めあてを確認して、これまでの工夫の仕方や新しい工夫の仕方が発表できるように促す。「くりかえし読み」「つけたし読み」等も奨励したい。
三	7	「二つの場面を表にまとめよう」 ●二つの場面を表に整理し、まとめよう。 ・表にまとめる項目を考え、二つの場面の特徴を整理しましょう。 ・音読の工夫のポイントを検討しましょう。 ●二つの場面に合ったBGMを選びましょう。	○教科書に示された項目を参考に、ほかの項目を考えさせる。二つの場面に共通に設けられる項目を中心として考えさせたい。 ○いくつかBGMを準備し、場面のイメージを検討させたい。五種類ぐらい準備する予定。雨や風の音は入れないこととする。

8	「音読劇をしよう」 ●グループでの音読の構成劇をやりましょう。 ・教材文から二ページぐらいの範囲で、構成劇にする部分を相談して決める。 ・役割を決めて発表の練習をする。 ・これまでの音読の工夫に動作を少しつけて発表することを目標とさせたい。	○動作化のできそうな箇所をピックアップして、全体で少しアイディアを出し合わせてからグループ練習に移りたい。
9	「グループ発表をし 感想を交流しよう」 ●発表会をしよう。 ●きつつきさんのような「森のお店やさん」を考えよう。 ・森の動物になってお店やさんを作ってみよう。	○黒板の前をステージにして発表会をする。 ○自分で考えたお店やさんの、アイディアをノートにメモさせる程度にしたい。図工の時間に絵や文で表現させたい。

5 授業展開

(1) 本時のねらい

「コーン」のところの様子を想像し、音読を工夫しよう。

①「うんと長い時間…」を具体的に音読で表現する工夫をしましょう。

②本当に聞こえたようにぶなの木の音を書きましょう。

(2) 指導ポイント

音読の工夫の中心は、2の場面の最後の雨や風の音が聞こえてくるところです。そこでの音読での表現活動を自主的に進められるように、ここではグループ活動の練習をさせることにしました。音読練習や書く活動も、1の場面で練習し、2の場面で自主的に展開させて三学年での学習活動の基礎作りをめざしたいと考えました。

音読の工夫は、まずその根拠となる表現の確認が大切です。野うさぎの注文は「四分音符分」でしたが、聞こえた音は「うんと長い時間」でした。そのわけと様子を具体的に検討し、音読の工夫に結びつけさせたいと考えました。

「やまびこ」は、子どもたちのクイズ大会でも出てくるのですぐわかるのですが、実際に山彦を聞いたことのある子どもはほとんどありません。テレビなどで知っている子はいますが、経験的なイメージとしては大変貧弱です。群読ふうにアレンジして体験的に学ばせることにしました。

（3）本時の展開（九時間扱いの四時間目）

主なはたらきかけ	主な子どもの活動の様子	留意点・評価等
1．1の場面の十四ページをグループで音読練習しなさい。（五分）	●これまで、追い読み、一文リレー読み、役割読み等で音読練習してきました。これまでの練習を生かし、グループごとに方法を選び工夫して練習するように働きかけました。役割読みで練習しているグループがほとんどでした。時間に余裕のあるグループは、役割をいろいろ変えながら役割読みで練習していた。	○これまでのグループ活動の成果をここで確認できました。グループのメンバーが仲良しになっている。
★今日のめあてをノートに書く。	●「1の場面の音読の工夫をしよう②」と板書、ノートに書く。 ・本時の範囲で工夫したいところを出させ、「コーン。」のところを中心に工夫することを確認する。	
2．「コーン。」の読み方を考えよう。 ・工夫できる人に発表してもらう。 ↓	●普通に「コーン」と読む子、強弱を考えて読む子、長く読む子等の考えが出された。	

・どの読み方が良いかわけも考えて発表しなさい。（七分）	●次のような意見が出された。 ・綺麗に読めててよかった。「うっとり聞いていた」とあるから、綺麗に読んだ方がいいと思います。 ・短いより長い方がいいと思います。「やまびこ」と書いてあるからです。 ・「うんとながい時間」と書いてあるからかなり長いと思います。 いろいろな考えが出され、読み方もやってくれた。どれぐらい長く読んだらよいかは、子どもによってそれぞれでしたが、広いぶなの森だから響き渡っていくだろうという意見に同調していきました。	○「コーン。」の読み方を文章中に根拠を求めて考えることができた。 ○できれば、ぶなの森の広さも想像させたかったので、白神山地の写真集を見せてあげた。
3. 教科書は普通に書いてあるけど、本当は違うんだね。聞こえたように書き直してごらん。（五分）	●いろいろなアイディアが出されて、読み方もさらに個性的になった。 ・「コ〜〜〜〜〜〜〜〜〜〜ン。」 ・「コーン。 コーーン　コーーン　コーーン。」 ・「コーン。 コーン。 コーン。」	○書き方と合わせて読み方も出し合わせた。

4．これまで出されたアイディアをもとに「コーン。」の読み方と書き方をグループで検討させる。 （十三分） ★（準備が済んだ班のための補足の課題）他に動作化等の工夫をしたいところ等の相談をさせる。	●ワークシート（「コーン。」のところを大きく余白にした教材文）を配付する。 （資料参照） ↓ グループごとに「コーン。」の読み方を検討し、書き込ませ、役割読みの練習をする。書き方の工夫は、予想した以上に難しいようだった。 ●「コーン。」が終わったところは先生に報告に来る。 ↓ 練習が終わったグループから、「コーン。」以外で動作化などの工夫ができそうなところの相談と練習をさせる。 ・きつつきが、こっくりとうなずくところ、野ねずみが耳を傾けるところ、きつつきが木をたたくところ等が工夫されていたい。	○ワークシートには、だれがどの部分を読むかメモさせたり、工夫の仕方をメモさせたりした。 ○動作化は、時間的に余裕のあった班が半分ほどだったが、少しだけできた。
5．グループごとに音読発表をする。 （十三分）	●次のような手順で音読発表会をする。 ①黒板の前にグループごとに並ぶ。 ②自分たちが工夫したポイント二〜三個、簡単に説明する。 ③役割音読を発表する。 ④各班から一言感想を一人ずつ交流する。	○内容よりも手順よく発表できるように促した。全部の班に発表の練習をさせたかったが二つの班が残ったので、帰りの会

6. 発表のまとめをする。（二分）	以上のように次々と進める。 ●班ごとに工夫にネーミングをする。次のようなものが出された。 ①繰り返しを入れて「くりかえし読み」 ②つぶやきを入れて「つぶやき読み」 ③きつつきになりきって「なりきり読み」 ④やまびこの様子がよく出ていたので「やまびこ読み」 ★動作化で、「登り方名人」「鳴き声名人」「耳すまし名人」「うなずき名人」など、上手な子の動作化を名人として認めてあげた。	で発表させた。 ○意見がいろいろ出されている間にチャイムが鳴ったので、昼休みまでにメモを提出してもらうことにした。

（4）参考資料・ワークシート読み方のメモ

①きつつきは、野うさぎをつれて、ぶなの森にやってきました。

②それから、野うさぎを、大きなぶなの木の下に立たせると、自分は、木のてっぺん近くのみきに止まりました。

③「さあ、《つよく》いきますよ、いいですか。」

①きつつきは、木の上から声をかけました。②野うさぎは、きつつきを見上げて、こっくりとうなずきました。《うなずく》

③「では。」

①きつつきは、ぶなの木のみきを、くちばしで力いっぱいたたきました。《つよく》

---

③②①コーン

①コ〜〜〜〜〜〜〜〜ン

②コ〜〜〜〜〜〜〜〜〜ン

③コ〜〜〜〜〜〜〜〜〜〜ン

（子どもに配布するときは余白にしておく。）

②③ぶなの木の音が、ぶなの森にこだましました。

①野うさぎは、きつつきを見上げたまま、だまって聞いていました。③きつつきも、うっとり聞い《うっとりとしたかお》ていました。

①②③四分音符分よりも、うんと長い時間がすぎてゆきました。

☆①・②・③は子どもの番号。三人グループのメモです。

(5) 授業を振り返って

グループでの音読劇の発表の練習を全員に体験させることが本時の一番のねらいでした。前の単元から三人と四人のグループを活動内容に応じて使い分けてきましたが、どのようなメンバーになっても相談して活動ができるようになってきました。落ち着かず自分勝手なことをする子もいますが、仲間に入れなくて困っている子は見られませんでした。自分勝手といっても活動からはみ出るというわけではありません。それぞれに自分の思いを出し合って、動作化などでやりすぎてしまっているといった感じで、学習には意欲的なのです。

グループ活動については、学習の見通しができましたが、「コーン」の書き方を考えようという課題については、思ったほどバラエティーに富んだアイディアが出ませんでした。三年生には少し難しいようでした。何となく傍観している子どもが増えてしまいました。ただ、音読の練習になるときつつきのまねや山彦のこだまするまねを意欲的にしていました。声を潜めて優しくこだまをまねようとする子どもが多くいました。面白おかしくやろうとして止められている子も何人かいました。

グループでの音読劇の練習としては、動作化の工夫の余裕がなかったので2の場面では、十分とってあげるようにしました。時間を充分にとることは難しいのですが、十分ぐらいの練習でちょうどよいようでした。それ以上だと集中力が続かない子どもも出てきます。劇のできばえよりも、協力して簡単な音読劇ができ満足感を大切にしてあげることがよさそうです。

「コーン。」の音読の工夫が、学習内容としてはメインであり、書く活動と関連付けて行わせましたが、三年生でどちらも考えられる子どもは少なかったようです。音読の工夫のビジュアル化をねらったのですが、もう少し学習経験が必要なようでした。

動作化としておもしろかったのは、机にあがって、きつつきがぶなの木をつつく様子をまねてくれた動作化、きつつきが、こっくりこっくりとうなずくまねの動作化、耳を澄ませて聞き入る野うさぎの動作化（表情）などがありました。グループに一人でも動作化をする子がいると発表は大変盛り上がりました。

(6) その後の授業の進展について

本時の授業の成果をふまえて、2の場面では雨や風の音のオノマトペの部分を書き方を工夫して音読練習させました。山彦ほど手がかりとなる表現がないので、自由に想像して工夫するように指示しました。思ったほど個性的な書き方は出てこなかったのですが、それぞれの音の読み方は楽しく工夫する班が多くありました。繰り返しを効果的に入れて表現していました。書き方も繰り返す方法のメモがほとんどでした。文字の大きさを少し変えてくれた班もありました。

2の場面での音読の仕方を考えるときの手がかりとして、どのようにしてその音が出ているのかを簡単に説明させるようにしました。木や木の葉の様子、雨の降り方や風の吹き方は、班によってイメージのもち方がいろいろ違っていました。それを音読で表現することに子どもたちは意欲的に取り組んでくれました。

このような学習をふまえて、自分で想像して考えた「森のお店やさん」も楽しいアイディアにあふれていました。

「森の□のお店やさん」の□に好きな動物を入れて考えさせました。

高学年

単元「作品を自分なりにとらえ朗読しよう」

言語活動「『大造じいさんとガン』の朗読劇」

五年　学習材▼『大造じいさんとガン』椋　鳩十

1 単元の特色

（1）単元の趣旨

朗読劇とは、作品の価値や特性を理解した上で、相手意識をもって音読をするという言語活動です。この単元では、全校のクラスに出向き、みんなに向けて物語「大造じいさんとガン」の朗読劇をするという言語活動を仕組みました。朗読劇は、演劇のように台詞を暗唱する負担はありません。しかし、その心理的な状況や場面の様子を自分なりに理解し判断して、主人公の思いに寄り添いながら音読で表現する方法です。そして、朗読劇ですから、立ち位置や目線なども工夫します。言ってみれば、朗読は、気持ちを理解するために音読をするという段階から一歩進んで、自分なりに主人公の人間性やその変化を理解した上で価値付け、音読で表現するという活動です。読み手の自分なりの解釈の上に朗読劇があると言えます。そこで、この単元では、単位時間で朗読の力を高めながら、学習の出口では、朝の読書の時間（帯時間）を活用して全校の前で朗読劇をすることができるようにしました。

（2）学習材について

①物語の柱を考える

子どもに朗読劇をさせる第一歩として、物語の柱である「登場人物」「場所」「季節」「時間」についてしっかりと理解をさせておかなくてはなりません。例えば、「大造じいさんとガン」の主人公はどんな人物なのでしょうか。何歳を想定するとよいのでしょうか。

この物語の表記は、題名もそうですが主人公の表記が全て「大造じいさん」です。ところが、残雪と対決をしていたときは、まだ「じいさん」ではありません。物語の出だしには、「七十二さいの大造じいさんが、三十五、六年も前の話」と書かれています。つまり、朗読劇をするときには、「三十七歳ぐらいの狩人（大造さん）」を想定して、音読をしなくてはならないのです。狩人の新米でもなく、老狩人でもない。生活をするために、必死で生きているまさに血気さかんな熟練の狩人なのです。

朗読劇をするためには、人物像などといった物語の柱を明らかにすることが求められます。

②第一幕から、第二幕、第三幕へ

演劇では、第一幕～第二幕～第三幕という流れで聴衆の気を引きます。朗読劇は演劇とは違います。しかし、この演劇の手法を取り入れると、より理解が深まります。そこで、物語「大造じいさんとガン」を大きく三つの場面（幕）として考えてみます。それぞれの幕で描くことは次の通りです。

【第一幕】……大造さんが置かれた状況と目的は何かをはっきりさせる。

【第二幕】……大造さんの心の葛藤を描く。

【第三幕】……大造さんの人間性は、どのように変わったのかを明確にする。

物語をこの三つの幕としてとらえることにより、より主人公の思いを深くとらえることができます。

もう少し詳しくみてみましょう。

【第一幕】大造さんの置かれた状況と目的は何か
・狩人の大造さんが主人公
・利口な残雪のせいで、一羽のガンも手に入れることができなくなった。
・残雪のことをいまいましいと思っていた。
・「ガンを手に入れたい。」「残雪をやっつけたい」と思っていた。
【第二幕】大造さんの心の葛藤とは
・残雪とたたかうために、毎年作戦をたてる大造さん。
・一年目「ウナギつりばり作戦」……残雪の知恵に感嘆する大造さん。
・二年目「タニシ作戦」……残雪の本能に驚く大造さん。
・三年目「おとり作戦」……残雪の仲間を守る姿に強く心を打たれる大造さん。
【第三幕】大造さんの人間性の変化
・大造さんの残雪への思いに変化がある。

・残雪に対する愛情さえ生まれてくる。

主人公の大造さんが、第一幕から第三幕へとどのように変化をしたのか大きくとらえておくことが、朗読劇に生きることになります。ですから、物語全体をまるごと読む力が求められます。

2 単元目標

・登場人物の気持ちの変化を想像しながら、朗読劇をしようとしている。（関心・意欲・態度）

・登場人物相互の関係にもとづいた行動や会話、情景から人物像をとらえると同時に、内面にある深い心情も合わせてとらえることができる。（読むこと）

・文章の中での語句と語句との関係を理解することができる。（言葉の特徴やきまりに関する事項）

3 評価の観点・方法

子どもたちが主人公の思いを理解したとしても、それをすぐに朗読に生かすことは難しいです。毎時間の読みで、子どもたちの朗読の力を高めていく必要があります。そこで、次のように、本文から抜粋した文章を提示して、朗読をする練習を取り入れることにしました。☆は評価の観点です。

【開幕】残雪についての説明

残雪は、このぬま地に集まるガンの頭領らしい、なかなかりこうなやつで、仲間がえをあさっている間も、油断なく気を配っていて、りょうじゅうのとどく所まで、決して人間を寄せつけませんでした。

☆口を大きく縦に開けて読んでいるか。
☆「残雪」「りこうなやつ」「決して～寄せつけません」を強調して読んでいるか。

【出会い】残雪の知恵に感嘆の声をもらす大造さん

ガンは、昨日の失敗にこりて、えをすぐには飲みこまないで、まず、くちばしの先にくわえて、ぐうと引っ張ってみてから、いじょうなしとみとめると、初めて飲みこんだものらしいのです。これも、あの残雪が、仲間を指導してやったにちがいありません。「ううむ。」大造じいさんは、思わず感嘆の声をもらしてしまいました。

☆読点で二秒、句点で三秒間をとるなど、あわてないで、ゆっくりと読んでいるか。
☆「ううむ。」に声の表情（感嘆の声）をつけて読んでいるか。

【葛藤】残雪の本能に驚く大造さん

「様子の変わった所には、近づかぬがよいぞ。」かれの本能は、そう感じたらしいのです。ぐっと、急角度に方向を変えると、その広いぬま地のずっと西のはしに着陸しました。もう少しでたまの届くきょりに入ってくる、というところで、またしても、残雪のためにしてやられてしまいました。大造じいさんは、広いぬま地の向こうをじっと見つめたまま「ううん。」とうなってしまいました。

☆「またしても」「してやられて」を、強調して読んでいるか。
☆「ううん。」を、くやしそうに声の表情をつけて読んでいるか。

【理解】残雪の仲間を守る姿と態度に心を打たれる大造さん

残雪は、むねの辺りをくれないにそめて、ぐったりとしていました。しかし、第二のおそろしい敵が近づいたのを感じると、残りの力をふりしぼって、ぐっと長い首を持ち上げました。そして、じいさんを正面からにらみつけました。

それは鳥とはいえ、いかにも頭領らしい、堂々たる態度のようでありました。

☆「ぐったり」と「ぐっと」の変化がわかるように読んでいるか。

☆「残雪」の頭領たる堂々とした態度が伝わるように、声に強弱をつけて読んでいるか。

【終局】残雪に愛情をもつ大造さん

「おうい、ガンの英雄よ。おまえみたいなえらぶつを、おれは、ひきょうなやり方でやっつけたかあないぞ。なあ、おい。今年の冬も、仲間を連れてぬま地にやってこいよ。そうして、おれたちは、また堂々と戦おうじゃあないか。」

大造じいさんは、花の下に立って、こう大きな声でガンによびかけました。

☆飛び立ってゆく残雪に視線を向けて、呼びかけるように読んでいるか。
☆「ガンの英雄」「おまえ」「えらぶつ」「おれたち」を、愛情をこめて温かい声で読んでいるか。

このように、毎時間朗読の時間をとり、効果的に読む力を高めていくことができるようにしました。

4 単元指導計画（九時間）

次	時	学習活動	○指導上の留意点　☆評価
一	1 2	・教師の範読を聞く。 （課題）「大造じいさんとガン」を読んで、感想を交流しよう。 ・感想を交流する。 ・難解語句の意味を調べる。 ・学習の出口で、各クラスに出向き朗読劇をするという活動を伝える。	○教師は、大造じいさんの心の動きがわかるように、範読する。 ○大造じいさんと残雪との関係がわかるように感想を構造的に板書する。 ・残雪は頭がいいな。 ・大造じいさんが最後に、残雪を打たなかったところがいいな。 ☆大造じいさんの残雪への思いを考えている。

次	時	学習活動	○指導上の留意点　☆評価
二	3	（課題）大造じいさんは、最初は残雪にどんな思いをもっていたのだろう。 ・残雪を、いまいましいと思っている。 ・「主人公」「物語の季節」「場所」「狩りの時間」など物語の柱を確認する。 ◎次の文章を、①②に気を付けて朗読する。 残雪は、このぬま地に集まるガンの頭領らしい、なかなかりこうなやつで、仲間がえをあさっている間も、油断なく気を配っていて、りょうじゅうのとどく所まで、決して人間を寄せつけませんでした。 ①口を縦に開けて読む。 ②残雪への思いがわかるように読む。	○主人公の大造じいさんについて ・年齢……三十七歳ぐらい ・仕事……鳥などの獣の狩りをして生計を立てている人 ・季節……残雪がやってくるのは秋 ・場所……栗野岳（鹿児島）のぬま地 ・狩りの時間……太陽の昇る早い時間 ☆「残雪」「りこうなやつ」「決して～寄せ付けません」をガンの頭領という思いではっきりと読む。

二

4

（課題）ウナギつりばり作戦で、大造じいさんは残雪にどんな思いを抱いたのだろう。

・一羽手に入り、うれしくてたまらない。
・作戦を見破るなんて、残雪は頭がいい。

◎次の文章を、①②に気を付けて朗読する。

ガンは、昨日の失敗にこりて、えをすぐには飲みこまないで、まず、くちばしの先にくわえて、ぐうと引っ張ってみてから、いじょうなしとみとめると、初めて飲みこんだものらしいのです。これも、あの残雪が、仲間を指導してやったにちがいありません。「ううむ。」大造じいさんは、思わず感嘆の声をもらしてしまいました。

①読点で二秒、句点で三秒間をとるなど、あわてないで、ゆっくりと読む。
②「ううむ。」に声の表情（感嘆の声）をつけて読む。

○ウナギつりばり作戦について
・一晩中かかって、たくさんのウナギつりばりをしかける。
・一羽、生きているガンが手に入る。
・次の日ももっとたくさんのウナギつりばりをしかける。

☆「ううむ。」を、「たいしたちえをもっているなあ。」という思いで、味わい深く読む。

次	時	学習活動	指導上の留意点　☆評価
二	5	（課題）タニシ作戦で、大造じいさんは残雪にどんな思いを抱いたのだろう。 ・これだけ準備して、また失敗か。 ・やはり頭がいいやつだ。 ◎次の文章を、①②に気を付けて朗読する。 「様子の変わった所には、近づかぬがよいぞ。」かれの本能は、そう感じたらしいのです。ぐっと、急角度に方向を変えると、その広いぬま地のずっと西のはしに着陸しました。もう少しでたまの届くきょりに入ってくる、というところで、またしても、残雪のためにしてやられてしまいました。大造じいさんは、広いぬま地の向こうをじっと見つめたまま「ううん。」とうなってしまいました。 ①「またしても」「してやられて」を、強調して読む。 ②「ううん。」に声の表情をつけて読む。	○タニシ作戦について ・夏から、タニシを五俵集める。 ・四～五日、同じ場所にタニシをまく。 ・えさ場より離れた場所に小屋を作る。 ・夜の間から、ガンの群れを待つ。 ☆「ううん。」を「二年目もだめだったか」という思いで、味わい深く読む。

二

6

（課題）おとり作戦で、大造じいさんは残雪にどんな思いを抱いたのだろう。

・仲間を救おうとする残雪に心を打たれる。
・愛情を感じる。

◎次の文章を、①②に気を付けて朗読する。

残雪は、むねの辺りをくれないにそめて、ぐったりとしていました。しかし、第二のおそろしい敵が近づいたのを感じると、残りの力をふりしぼって、ぐっと長い首を持ち上げました。そして、じいさんを正面からにらみつけました。それは鳥とはいえ、いかにも頭領らしい、堂々たる態度のようでありました。

①「ぐったり」と「ぐっと」の変化がわかるように読む。
②残雪の姿に感動の思いを込めて読む。

○おとりのガン作戦
・手に入れたガンをおとりに使う。
・ガンの習性を使って、ねらう。
・おとりのガンがハヤブサに狙われる。
・残雪が仲間のガンを守ろうとする。

☆残雪が死を覚悟した時の、残りの力をふりしぼって立ち向かう堂々とした様子が浮かぶように読む。

次	時	学習活動	○指導上の留意点　☆評価
二	7	（課題）大造じいさんは、どんな思いで残雪を空へはなったのだろう。 ・残雪よ。おまえは立派な鳥だ。 ・またこれからも仲間を守ってやれ。 ・また来年も元気で会おう。 ◎次の文章を、①②に気を付けて朗読する。 「おうい、ガンの英雄よ。おまえみたいなえらぶつを、おれは、ひきょうなやり方でやっつけたかあないぞ。なあ、おい。今年の冬も、仲間を連れてぬま地にやってこいよ。そうして、おれたちは、また堂々と戦おうじゃあないか。」 大造じいさんは、花の下に立って、こう大きな声でガンによびかけました。 ①飛び立つ残雪に視線を向けて読む。 ②「ガンの英雄」など愛情を込めて読む。	○大造じいさんの思いの変化 初め……いまいましい。ただの鳥だ。 ↓ 四年目……強く心を打たれる。愛情をもち始める。 ☆残雪への呼び方が変わったのは、愛情へと変わったことを感じながら読む。

二	8	（課題）朗読劇の練習をしよう。 ・八人グループを作り、どの学年へ行き朗読劇をするのか決める。 ・八人で読む場面を分担する。 ・大造じいさんの気持ちの変化がわかるように、朗読劇の練習をする。 ・振り返る。	○四十人学級の場合、物語全体を八人で読むようにすると、五学級へ出かけることができる。 ○本文は、前書き以外に、四つの場面に分かれている。長い場面を二つに分けるなど工夫する。 ○八人の立つ場所や移動も滞りなくできるようにする。
三	9	（課題）大造じいさんの気持ちの変化がわかるように、朗読劇をしよう。 ・これまでの練習の成果を生かして、堂々と朗読劇を行う。 ・各教室で朗読劇を行う。	○立ち位置や目線などを考えて、朗読劇を行うようにする。 ☆大造じいさんの思いが伝わるように朗読劇を行う。

5 授業展開

(1) 本時のねらい

最初は、「いまいましく」思っていた大造じいさんが、残雪が仲間を救うためハヤブサにぶつかっていく姿と、頭領らしい堂々とした態度に強く心を打たれ、また同時に愛情をもつようになった大造じいさんの思いを、朗読劇で表現することができる。(読むことア・エ)

(2) 指導のポイント

本時は、大造じいさんの思いに大きな変化が訪れる場面である。これまでは、「いまいましい」と思っていた大造じいさんである。そして、血気盛んな「かりうど」である大造じいさんの、これまでにないチャンスの場面なのだ。残雪をやっつけてしまえば、大造じいさんの勝利であり、これからの生活にも大きな影響をもたらす。生活がかかっているのである。

しかし、大造じいさんは銃をおろしてしまうのだ。ここで大造じいさんの思いが大きく変化する。では、大造じいさんはどこに心を打たれたのか。それは、残雪の①仲間を守ろうとする姿、②頭領らしい堂々たる態度、である。本時では、「読み深めの発問」を用意して、大造じいさんの思いの変化を読み深める。読み深めることによって、最後の朗読劇がより生きてくるのである。

戦いを終えて、「ぐったり」していた残雪が、また首を「ぐっと」あげて堂々たる態度をとる。朗読では、この二つの言葉に力を込めて読ませる。そして、最後の一文は感動を込めてゆったりと読むようにする。

（3）本時の展開（九時間扱いの六時間目）

	学習活動	○指導上の留意点　☆評価規準
つかむ	1．大造じいさんのこれまでの作戦と、その時の残雪への思いを確認する。 ①一年目：ウナギつりばり作戦 ・ガンの頭領らしい、なかなか利口なやつ。 ・いまいましい。 ・たかが鳥 ②二年目：タニシ作戦 ・「ううむ」たいしたちえを持っている。 ・してやられる。 ・「ううん」とうなる。 （課題）おとり作戦で、大造じいさんは残雪にどんな思いを抱いたのだろう。	○大造じいさんの仕事は「かりうど」であり、獲物をとって生活している人であることを押さえる。 ○なかなか思い出せない子には、「いまいましい」「たかが鳥」など、教科書の言葉から思い出すことができるようにする。 ○「ううむ」「ううん」など、大造じいさんが、どのようにつぶやいたのか、朗読で振り返らせる。 ○三年目のおとり作戦は、一年目にとったガンを使った計画であり、二年かけて考えた作戦であることを押さえる。

	考える	深める
学習活動	2．おとりのガンを使った作戦で、大造じいさんはどんな思いになったのか考える。 ③三年目：おとり作戦 ・「あの残雪めにひとあわふかせてやるぞ。」 ・いきなりハヤブサにぶつかるなんて。 ・いかにも頭領らしい、堂々たる態度。 ・頭領としてのいげんをきずつけまいと努力しているよう。 ・ただの鳥に対している気がしない。	3．大造じいさんの思いを読み深める。 （読み深めの発問） 「今日こそ、あの残雪めに……」と思っていたのに、残雪をやっつけてしまわなかったのはなぜだろう。
○指導上の留意点　☆評価規準	○おとり作戦とは、一年目にとったガンを使って、残雪の仲間をとらえる作戦のこと。 ○おとり作戦が始まったときに、「さあ、今日こそあの残雪めにひとあわふかせてやるぞ」と言い、意気込んでいる様子を確認する。 ○「残雪め」という言葉から、腹ただしいという思いだけでなく、もはや憎しみさえ覚えていることを想像させる。 ○「さあ、今日こそあの残雪めに……」の部分を、大造じいさんの思いを込めて朗読する。 ○大造じいさんの仕事は「かりうど」であり、ガンをとれなくなるということは死活問題であることを押さえる。	

深める	まとめる
・残雪の①仲間を守ろうとする姿、②頭領らしい、堂々たる態度、この姿を態度に大造じいさんは強く心を打たれた。 ・残雪の姿に感動し、愛情を持ち始めた。 ・今残雪をやっつけてしまうことは、ひきょうなやり方だから。	4．残雪の堂々としている場面を朗読する。 残雪は、むねの辺りをくれないにそめて、ぐったりとしていました。しかし、第二のおそろしい敵が近づいたのを感じると、残りの力をふりしぼって、ぐっと長い首を持ち上げました。そして、じいさんを正面からにらみつけました。それは鳥とはいえ、いかにも頭領らしい、堂々たる態度のようでありました。 ①「ぐったり」と「ぐっと」の変化がわかるように読む。 ②残雪の姿に感動の思いを込めて読む。
○残雪の姿を見て、深く感動し、愛情が芽生え始めたことを押さえる。	☆残雪が自分の死を覚悟した時の、残りの力をふりしぼって立ち向かう堂々とした様子が浮かぶように読んでいる。

（4）資料

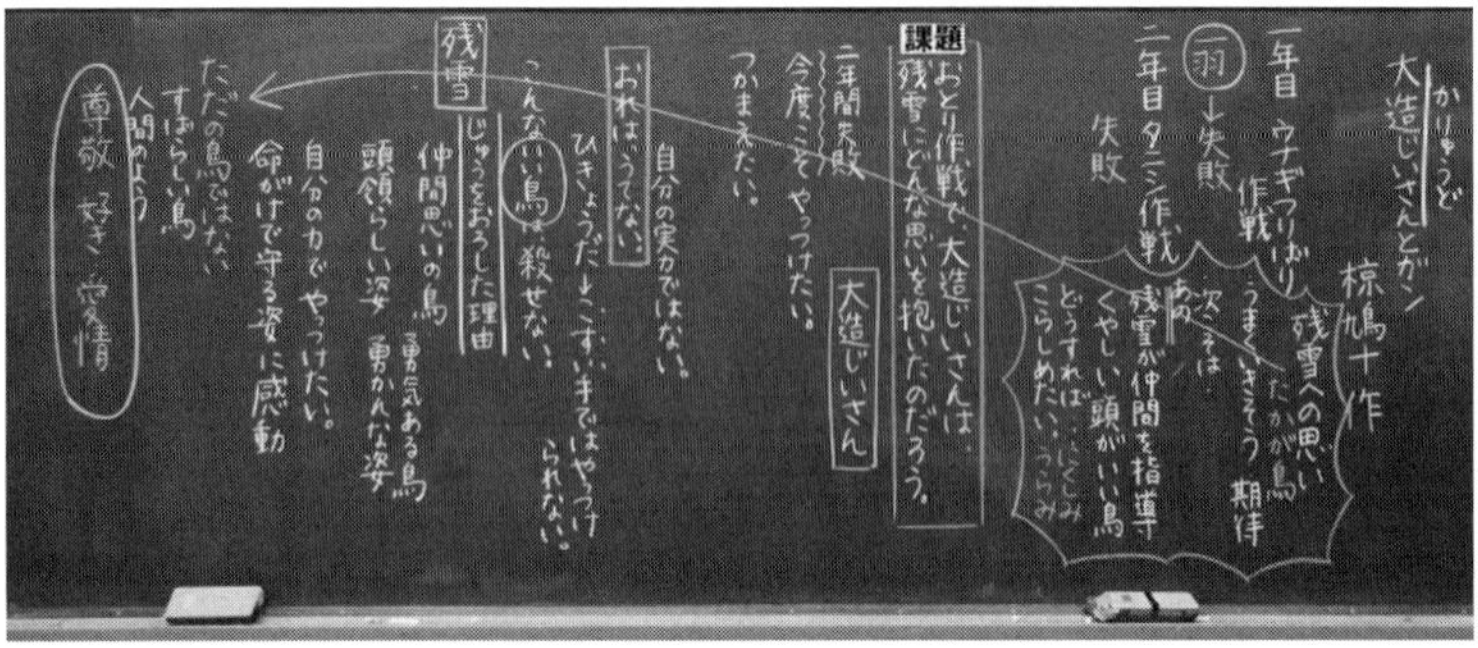

本時の板書

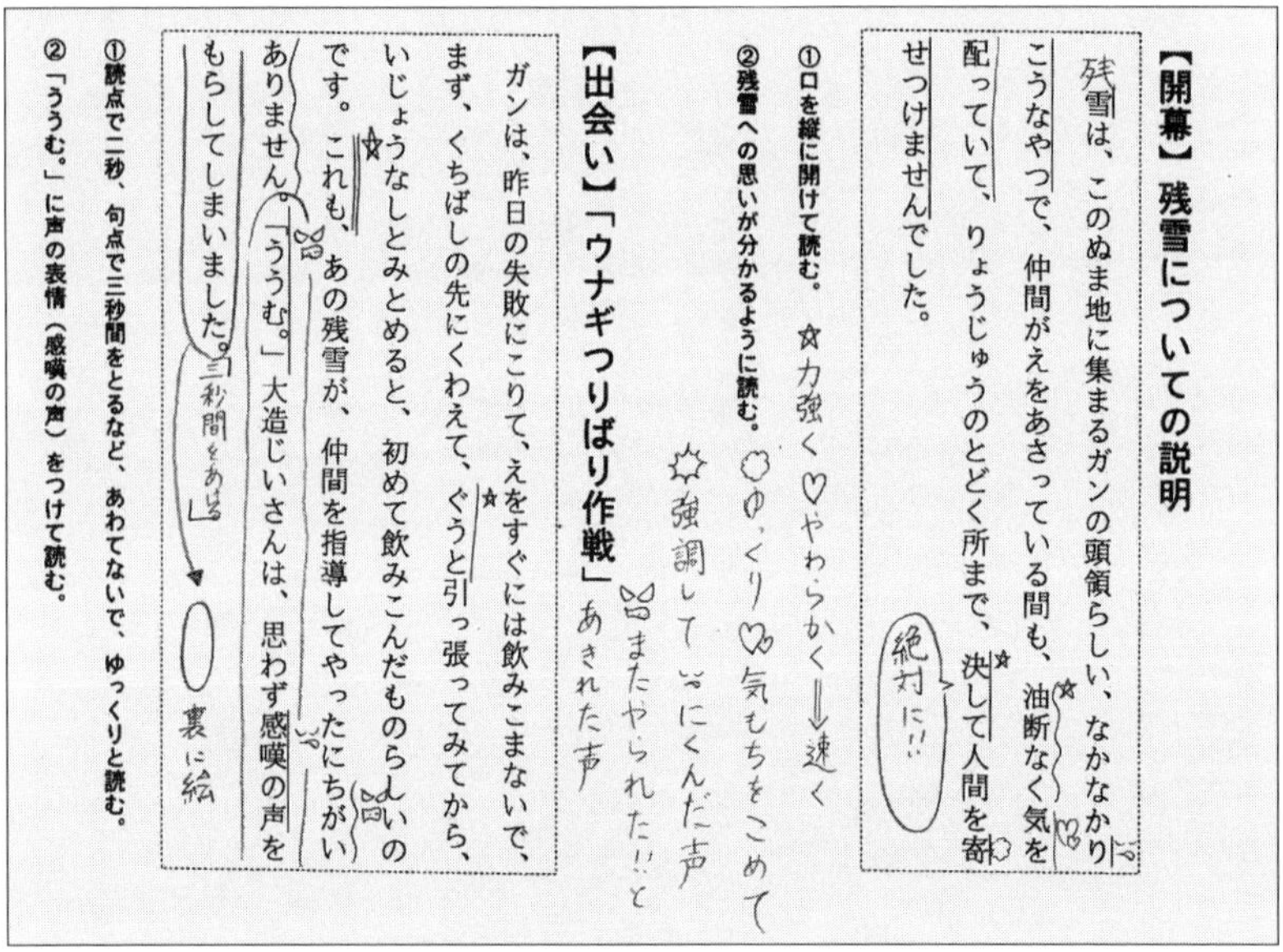

【開幕】残雪についての説明

残雪は、このぬま地に集まるガンの頭領らしい、なかなかりこうなやつで、仲間がえをあさっている間も、油断なく気を配っていて、りょうじゅうのとどく所まで、決して人間を寄せつけませんでした。

①口を縦に開けて読む。

②残雪への思いが分かるように読む。

【出会い】「ウナギつりばり作戦」

ガンは、昨日の失敗にこりて、えをすぐには飲みこまないで、まず、くちばしの先にくわえて、ぐうと引っ張ってみてから、いじょうなしとみとめると、初めて飲みこんだものらしいのです。これも、あの残雪が、仲間を指導してやったにちがいありません。「ううむ。」大造じいさんは、思わず感嘆の声をもらしてしまいました。

①読点で二秒、句点で三秒間をとるなど、あわてないで、ゆっくりと読む。

②「ううむ。」に声の表情（感嘆の声）をつけて読む。

【葛藤】「タニシ作戦」

「様子の変わった所には、近づかぬがよいぞ。」かれの本能は、そう感じたらしいのです。ぐっと、急角度に方向を変えると、その広いぬま地のずっと西のはしに着陸しました。もう少しでたまの届くきょりに入ってくる、というところで、またしても、残雪のためにしてやられてしまいました。大造じいさんは、広いぬま地の向こうをじっと見つめたまま「ううん。」とうなってしまいました。

心の声のようにみんなに問いかけるように
冒頭がいいということを強調
少しずつ小さく
思いきり
○の時のそうぞうの絵は裏
泣いてしまいそうな声で

① 「またしても」「してやられて」を、強調して読む。
② 「ううん。」に声の表情をつけて読む。

【理解】「おとり作戦」

残雪は、むねの辺りをくれないにそめて、ぐったりとしていました。しかし、第二のおそろしい敵が近づいたのを感じると、残りの力をふりしぼって、ぐっと長い首を持ち上げました。そして、じいさんを正面からにらみつけました。

それは鳥とはいえ、いかにも頭領らしい、堂々たる態度のようでありました。

小さく
つらそうに
おそろしい声で
残雪を見なおしたように少しやさしく

① 「ぐったり」と「ぐっと」の変化が分かるように読む。
② 残雪の姿に感動の思いを込めて読む。

【終局】別れ

「おうい、ガンの英雄よ。おまえみたいなえらぶつを、おれは、ひきょうなやり方でやっつけたかあないぞ。なあ、おい。今年の冬も、仲間を連れてぬま地にやってこいよ。そうして、おれたちは、また堂々と戦おうじゃあないか。」

大造じいさんは、花の下に立って、こう大きな声でガンによびかけました。

宣言!!!!!
反省の言葉
呼ぶように
遠くに聞こえるように
強調して
まるで友達のようにゆっくりと
そんけいするように
強調
強く

① 飛び立つ残雪に視線を向けて読む。
② 「ガンの英雄」「おまえ」「えらぶつ」「おれたち」を愛情を込めて読む。

子どもが描いたイラスト

（5）指導を振り返って

これまでの音読の授業では、暗記したり、すらすら読んだり、大きな声で読んだりできる子どもたちの姿を求めてきた。そこで、本単元では、朗読の力を高めるための授業を工夫してきた。その結果、次のような姿があった。

①毎時間の学習の出口で朗読の練習の時間をとることにより、子どもたちが朗読のめざす姿に近づくことができた。これまでは、大造じいさんの気持ちを考えてノートに書いたり、発表したりという時間を充分にとってきた。しかし、本単元では、学習の出口で、全員に朗読の練習の時間をとることを大切にしてきた。その結果、子どもたちはよりよい朗読の姿をめざすようになってきた。これまでは、大きな声ですらすらと読むことが中心だったが、本単元を通して気持ちを考えて読むことができるようになった子が少しずつ増えてきた。

②仲間の朗読を聞いて、自分の朗読に生かすことができるようになってきた。毎時間、系統的に指導することにより、どの部分に気を付けて読むとよいのかが、一人一人がよく考えることができた。毎時間のポイントは二つであったが、発展的にその他の文章も、自分なりに考えて工夫して読む姿があった。

③他の学年の子の前で読む場を設けたことや、グループで協力して読むことで、自分の姿を振り返ることができた。仲間にアドバイスしたり、他の子に「上手だった」と認められたりすることで、自分の朗読に自信をもつ姿につながった。

このように、朗読劇をすることは、物語をより主体的に読み取る姿につながった。

『音読・朗読』編

〈編著者・執筆箇所一覧〉 ※所属は執筆時

編集責任者
大越和孝（東京家政大学大学院客員教授）…Ⅰ章

編著者
大久保伸夫（青森県八戸市立清朝小学校校長）…Ⅲ章、Ⅳ章1
西田拓郎（岐阜県恵那市立串原小学校・中学校校長）…Ⅱ章

執筆者
高木恵理（岐阜県・大垣市立西小学校教諭）…Ⅳ章2

企画編集担当
大越和孝（前出）

〈シリーズ国語授業づくり　企画編集〉（五十音順）

泉　宜宏
今村久二
大越和孝
功刀道子
福永睦子
藤田慶三

シリーズ国語授業づくり

音読・朗読

―目的に応じた多様な方法―

2015（平成27）年10月21日　初版第1刷発行

監　　修：日本国語教育学会
企画編集・執筆：大越和孝
編　　著：大久保伸夫・西田拓郎
発 行 者：錦織　圭之介
発 行 所：株式会社　東洋館出版社
〒113-0021　東京都文京区本駒込5丁目16番7号
営業部　電話03-3823-9206　FAX03-3823-9208
編集部　電話03-3823-9207　FAX03-3823-9209
振替　00180-7-96823
URL　http://www.toyokan.co.jp
デザイン：株式会社明昌堂
印刷・製本：藤原印刷株式会社

ISBN978-4-491-03145-3　　Printed in Japan